Analysen

Forschungsberichte
aus dem Institut der deutschen Wirtschaft Köln

D1670624

Dominik H. Enste / Nicola Hülskamp / Holger Schäfer

Familienunterstützende Dienstleistungen

Marktstrukturen, Potenziale und Politikoptionen

DEUTSCHER
INSTITUTS-VERLAG

Bibliografische Information der Deutschen Nationalbibliothek.
Die Deutsche Nationalbibliothek verzeichnet diese Publikation in
der Deutschen Nationalbibliografie. Detaillierte bibliografische
Daten sind im Internet über http://dnb.d-nb.de abrufbar.

ISBN 978-3-602-14821-9 (Druckausgabe)
     978-3-602-45437-2 (PDF)

Herausgegeben vom Institut der deutschen Wirtschaft Köln

© 2009 Deutscher Instituts-Verlag GmbH
Gustav-Heinemann-Ufer 84–88, 50968 Köln
Postfach 51 06 70, 50942 Köln
Telefon 0221 4981-452
Fax 0221 4981-445
div@iwkoeln.de
www.divkoeln.de

Druck: Hundt Druck GmbH, Köln

Inhalt

1 Untersuchungsgegenstand und Ausgangssituation

1.1 Ziel der Studie

Vor dem Hintergrund der zunehmenden demografischen Herausforderungen rücken die Ursachen für die niedrigen Geburtenraten und die Lebensbedingungen von Familien in Deutschland verstärkt in den Fokus politischer Diskussionen. Aufgrund von gewandelten persönlichen Präferenzen, guter Ausbildung und einem Bedürfnis nach finanzieller Sicherheit wollen immer mehr Frauen auch mit Familie erwerbstätig sein, was nicht zuletzt dem Bedarf der Wirtschaft nach gut ausgebildeten Fachkräften entgegenkommt (Hülskamp et al., 2008, 128 ff.). Solange jedoch die gesetzlichen und institutionellen Rahmenbedingungen nicht durchgängig auf die Vereinbarkeit von Familie und Beruf ausgerichtet sind und sich die Rollenbilder von Vätern und Müttern weiterhin an einer traditionellen Arbeitsteilung zwischen den Partnern orientieren, geht eine steigende Erwerbsneigung von Frauen mit einer niedrigen Geburtenrate und insbesondere einem hohen Anteil an kinderlosen Frauen einher. Die beobachtete Dreifachbelastung aus Erwerbsarbeit, Kinderbetreuung und Versorgung des Haushalts führt bei jungen Frauen zu einem Aufschub des Kinderwunsches (Herlyn/Krüger, 2003). In anderen Staaten, insbesondere in Skandinavien, ist hingegen eine deutlich höhere Frauen- und Müttererwerbstätigkeit in Verbindung mit höheren Geburtenraten üblich (Seyda, 2003).

Die deutsche Familienpolitik versucht daher, mit einem Maßnahmenmix aus Infrastruktur, Zeit und Geld, die Belastungen zu verringern und die Rahmenbedingungen an die sich wandelnden Realitäten von Familien anzupassen (BMFSFJ, 2008). Nach der Einführung des Elterngeldes 2007 und dem Ausbau der Kinderbetreuung bis zum Jahr 2013 werden nun Maßnahmen diskutiert, die den Zeitstress in den Familien selbst mindern sollen. Neben Anstößen für eine familienfreundliche Arbeitswelt, die mit Teilzeitmodellen, Telearbeit und flexiblen Arbeitszeiten auf die Bedürfnisse von Familien eingeht, können familienunterstützende Dienstleistungen helfen, diesen mehr Qualitätszeit zu verschaffen. Gleichzeitig birgt dieser Wirtschaftszweig vermutlich ein großes Potenzial an Wertschöpfung und Arbeitsplätzen.

Ziel der Studie ist es, das Potenzial an familienunterstützenden Dienstleistungen zu schätzen und Maßnahmen für dessen Aktivierung zu skizzieren. Zunächst wird dieser Begriff kurz aufgeschlüsselt und nachfolgend – aufgrund von Literaturstudien und eigenen Berechnungen – der Markt für diese Dienste dargestellt. Es werden Anreizstrukturen offengelegt, die zur beobachteten Verzerrung in Richtung Schwarzarbeit geführt haben und anschließend Maßnahmen diskutiert, welche die Verbreitung von familienunterstützenden Dienstleistungen und deren Legalisierung fördern könnten. Abschließend wird das nach der Umsetzung der vorgeschlagenen Maßnahmen zu erwartende Wertschöpfungs- und Arbeitsplatzpotenzial geschätzt.

1.2 Definition und Klassifikation von familienunterstützenden Dienstleistungen

Zu den familienunterstützenden Dienstleistungen zählen alle Arbeiten, die gegen Bezahlung erbracht werden und notwendig sind, um den Alltag im Haushalt von Familien zu bewältigen. Dies sind unter anderem das Putzen der Wohnung, das Waschen und Bügeln der Wäsche, der Einkauf, Besorgungen, das Kochen, kleinere Reparaturen, das Tiere- und Haushüten oder Gartenarbeiten. In Haushalten mit kleinen Kindern oder pflegebedürftigen Angehörigen kommen Betreuungsaufgaben sowie Chauffeur- und Pflegedienste hinzu. Traditionell werden diese Tätigkeiten von den Familienmitgliedern selbst und im Besonderen von der Hausfrau erledigt. Sie können aber auch gegen Bezahlung von Dritten erbracht werden und damit die Familienmitglieder entlasten. Die dadurch gewonnene Zeit kann sowohl für Erwerbsarbeit als auch für Freizeitaktivitäten oder die Pflege der innerfamilialen Beziehungen eingesetzt werden und somit zur Stabilisierung der Familie beitragen (siehe Abschnitt 1.3).

Es gibt keine klare Definition von familienunterstützenden Dienstleistungen. Im Unterschied zu haushaltsnahen Dienstleistungen, die allen Personen offenstehen, sollen

Familienunterstützende Dienstleistungen im Überblick

Übersicht 1

- Abhol- und Bringdienste (Reinigung, Wäscherei)
- Besorgungen/Botendienste
- Betreuung von Senioren
- Bügeln
- Essenslieferung und -zubereitung
- Freizeitgestaltung für Mitglieder der Familie
- Gardinen-, Matratzen-, Teppichreinigung
- Gartenarbeit, -gestaltung, -pflege
- Gesundheitsberatung
- Haushaltsauflösung/Entrümpelung
- Haushaltsführung
- Haushüten
- Hausmeisterdienste (Reparieren, Winterdienst ...)
- Kfz-Pflege-, -An- und -Ummeldung
- Kinderbetreuung (Wochenend-, Notfall-, Nacht-, Ferienbetreuung)
- Körperpflege
- Partyservice
- Pflege von Senioren und Kranken
- Schriftverkehr, Amtsgänge
- Tagesmütter-/Tagesvätervermittlung
- Tierbetreuung
- Transport der Kinder (Schule, Verein)
- Waschen, Kochen, Putzen

Eigene Zusammenstellung

familienunterstützende Dienstleistungen speziell Familien bei der wechselseitigen Fürsorge und Verantwortungsübernahme helfen (Bundesregierung, 2006, 128 f.). In der Literatur wird in der Regel eine Eingrenzung auf Tätigkeiten im Haus und in der unmittelbaren Umgebung vorgenommen (Weinkopf/Hieming, 2007, 4; Kaltenborn et al., 2005, 12 ff.). Und auch die Praxis verbindet familienunterstützende Dienstleistungen oft mit dem Ort ihrer Erbringung, so etwa beim System der Steuervergünstigungen in Schweden (Eichhorst/Tobsch, 2007, 11). Sollte es für eine Familie jedoch unerheblich sein, ob die zugekaufte Leistung im Haushalt oder außerhalb erbracht wird, ist eine solche Eingrenzung nicht sinnvoll. So kann die Wäsche von einem Dienstleister entweder zu Hause gewaschen oder abgeholt und zentral bearbeitet werden, ohne dass dies für die Familie einen Unterschied macht. In einigen Fällen resultiert aus der externen Erledigung der Arbeit sogar ein Zusatznutzen. So ermöglicht die Betreuung von Kleinkindern im Haushalt der Tagesmutter eine erwachsenenorientierte Nutzung der eigenen Räume (zum Beispiel für Telearbeit). Bei anderen Dienstleistungen vermischen sich jedoch die Motive der Inanspruchnahme und verhindern so eine politisch zielführende Zuordnung. Beispielsweise verbinden die meisten Menschen mit einem Restaurantbesuch nicht nur die reine Nahrungsaufnahme, sondern auch einen hohen Freizeitnutzen.

Eine weitere übliche Einschränkung von familienunterstützenden Dienstleistungen besteht in der Abgrenzung zu professionellen Hilfsangeboten, wie sie etwa in der Kinder- und Jugendhilfe, aber auch bei der Pflege im Haushalt erbracht werden (Schreier/Stallmann, 2007, 6 f.). Angesichts der Heterogenität des Marktes für familienunterstützende Dienstleistungen und der Bestrebungen zur Professionalisierung dieses Bereichs erscheint die Eingrenzung auf „unprofessionelle" Angebote jedoch weder trennscharf noch zielführend. Den folgenden Ausführungen liegt daher ein sehr weit gefasstes Verständnis von familienunterstützenden Dienstleistungen zugrunde, das alle bezahlten Tätigkeiten umfasst, die Familien bei der Erledigung von Alltagsaufgaben unterstützen. Lediglich die außerhäusliche Kinderbetreuung sowie die professionelle Kinder- und Jugendhilfe werden hiervon ausgeklammert, da für diese Bereiche bereits umfassende Studien vorliegen, politische Maßnahmen ergriffen wurden und soziale und bildungspolitische Aspekte den Entlastungsgedanken der Familien dominieren (vgl. Anger/Seyda, 2008; Robert Bosch Stiftung, 2006; Kaltenborn et al., 2005).

In der politischen Diskussion werden familienunterstützende Dienstleistungen oft als Reservoir für Einfacharbeiten betrachtet, das passend scheint, geringqualifizierte Menschen in den Arbeitsmarkt zu integrieren (Brück et al., 2002, 365; Schneider et al., 2002, 56 ff.). Im Gegensatz dazu beklagen Dienstleistungsagenturen einen Mangel an geeignetem Personal (Weinkopf, 2003, 139). Dieser Widerspruch erklärt sich, wenn man familienunterstützende Dienstleistungen nicht nur unter dem Aspekt der fachlichen Qualifikation, sondern auch der Anforderungen an die körperliche Belastbarkeit und die Sozialkompetenz betrachtet. Unter Sozialkompetenz wird hier sowohl die Fähigkeit verstanden, angemessen sensibel mit anderen Menschen und ihren Bedürfnissen umgehen zu können, insbesondere bei der Arbeit mit Pflegebedürftigen und Kindern, als auch die Fähigkeit, die geforderte Dienstleistung zuverlässig zu erbringen und die Privatsphäre und das Eigentum des Auftraggebers vertrauenswürdig zu behandeln. Die Sozialkompetenz des Dienstleisters ist daher sowohl vor Vertragsabschluss – basierend auf dem Ersteindruck des Nachfragers – als auch später – gestützt durch entsprechende Erfahrungen – ein wesentliches Entscheidungskriterium, die angebotenen Dienste in Anspruch zu nehmen und den Vertrag aufrechtzuerhalten. Die Zahlungsbereitschaft des Auftraggebers wird sowohl von der fachlichen als auch von der Sozialkompetenz des Dienstleisters abhängen.

Die körperliche Belastung hingegen ist ein Entscheidungskriterium des Dienstleisters. Ihm obliegt es, einen Auftrag mit hohem körperlichen Einsatz anzunehmen

Taxonomie von familienunterstützenden Dienstleistungen

Tabelle 1

		Fachliche Qualifikation	Soziale Kompetenz	Körperliche Belastung
Gruppe I	Einkaufen/ Botendienste	+	+	+
	Waschen/Bügeln	+	+	++
	Gartenarbeit	+	+	+++
Gruppe II	Haushüten	+	++	+
	Tierbetreuung	+	++	+
	Putzen	+	++	+++
	Chauffeurdienste	+	++	+
	Körperpflege	+	++	++
Gruppe III	Kochen	++	++	+
	Hausmeisterdienste	++	++	++
Gruppe IV	Kinderbetreuung	++	+++	+
	Alten- und Krankenpflege	++	+++	+++

+ = geringe Anforderungen; ++ = mittlere Anforderungen; +++ = hohe Anforderungen.
Eigene Zusammenstellung

oder abzulehnen. Die Sozialkompetenz kann daher den Entscheidungsparametern der Nachfragerseite, die körperliche Belastung der Anbieterseite zugerechnet werden. Die fachliche Qualifikation ist bei realistischer Selbsteinschätzung des Anbieters für beide Seiten Grundvoraussetzung für einen Vertragsabschluss. Die spezifischen Anforderungen in diesem Bereich machen familienunterstützende Dienstleistungen auch für Personen mit geringer formeller Ausbildung interessant. Die folgende Taxonomie zeigt aber, dass viele familienunterstützende Dienstleistungen bei geringer Anforderung an die fachliche Qualifikation vergleichsweise hohe Anforderungen an die soziale Kompetenz der Dienstleister stellen. Einige Einfacharbeiten gehen mit einer relativ hohen körperlichen Belastung einher und sind daher nicht für alle Dienstleister geeignet.

1.3 Bedeutung von Zeitstress und -entlastung für Familien

Unter dem Schlagwort „Rushhour des Lebens" wird die Konzentration mehrerer Lebensereignisse in einer kurzen Zeitspanne zusammengefasst (Bittman/ Rice, 2000). Nach einer langen Bildungsphase werden die jungen Menschen ins Erwerbsleben entlassen, das ihnen gerade in den Einstiegsjahren eine hohe zeitliche und räumliche Flexibilität abverlangt und sie oft mit vertraglichen Unsicherheiten konfrontiert. In diese berufliche Aufbauphase fällt auch die Zeit für eine Familiengründung.

Das Zeitfenster, das biologisch für Geburten zur Verfügung steht, wird dabei durch soziologische und institutionelle Rahmenbedingungen begrenzt (Bertram et al., 2005). Zum einen haben soziologische und ökonomische Ursachen zu einer Verschiebung der Familiengründung ins höhere Lebensalter geführt (Hülskamp, 2006). Zum anderen treffen moderne, sich wandelnde Lebensverläufe auf starre Strukturen in den Bildungsinstitutionen und am Arbeitsmarkt (Bundesregierung, 2006, 245 ff.). Auszeiten im Bildungs- und Karriereverlauf oder Quereinstiege sind oftmals nicht möglich, da sich Bildungsstufen nahtlos aneinander anschließen und die Arbeitswelt auf Präsenzmodelle setzt. Hinzu kommen kulturelle Unterschiede und Wertevorstellungen in der Gesellschaft. In Finnland beispielsweise bekommen die Frauen bei einem ähnlich hohen Alter der Familiengründung in den folgenden Jahren noch deutlich mehr Kinder als in Deutschland (UN, 2008). Auch in Schweden wird das Zeitfenster für Geburten besser ausgeschöpft. Abbildung 1 zeigt, dass in Schweden und Finnland bei ähnlich später Familiengründung erheblich mehr Frauen in höherem Alter Kinder bekommen als in Deutschland. In den USA hingegen ist generell ein niedrigeres Alter zu beobachten, was vor allem auf die frühe Familiengründung unter Afroamerikanern und Hispanos zurückgeht.

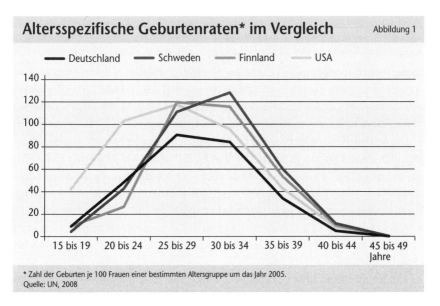

Altersspezifische Geburtenraten* im Vergleich Abbildung 1

━━ Deutschland ━━ Schweden ━━ Finnland ━━ USA

140
120
100
80
60
40
20
0

15 bis 19 | 20 bis 24 | 25 bis 29 | 30 bis 34 | 35 bis 39 | 40 bis 44 | 45 bis 49
Jahre

* Zahl der Geburten je 100 Frauen einer bestimmten Altersgruppe um das Jahr 2005.
Quelle: UN, 2008

Das Erleben von Zeitstress ist neben kulturellen Unterschieden ein Grund für die Aufschiebung der Familiengründung. Für Eltern führen die Ansprüche der Erwerbsarbeit, der Kinder und der Hausarbeit häufig zu hohen Anforderungen an das Zeitmanagement, die das Familienleben belasten. Die Bewältigung der Erwerbs-, Erziehungs- und Hausarbeit muss zwischen den Elternteilen immer wieder neu verhandelt werden. Dabei beeinflussen verschiedene Faktoren das Verhandlungsergebnis (Mischau et al., 1998, 335 ff.). Die Ressourcentheorie geht davon aus, dass sich die Partner jeweils am eigenen Nutzen orientieren und versuchen, ihren Anteil an der als unangenehm eingeschätzten Hausarbeit möglichst gering zu halten. Das Verhandlungsergebnis hängt dabei von den Verhandlungspositionen der Partner zueinander ab, die durch viele Faktoren begründet werden. Unter anderem spielen das Erwerbseinkommen und der Bildungsstand, aber auch nicht objektiv messbare Faktoren eine Rolle (Künzler, 1994, 45). Je mehr also beispielsweise der Mann im Vergleich zur Frau an Erwerbseinkommen erzielt, desto geringer wird nach dieser Theorie sein Anteil an der Hausarbeit sein. Und solange der Mann höhere Einkommenschancen auf dem Arbeitsmarkt hat als die Frau, ist wiederum eine Spezialisierung sinnvoll. Der steigende Bildungsstand der Frauen und ihre damit steigenden Kapazitäten Einkommen zu erzielen, machen dieses Arrangement brüchig (Becker, 1982).

Neben solchen rationalen Argumenten orientieren sich Paare an Rollenmustern, die traditionell der Frau die Hausarbeit und dem Mann die Erwerbsarbeit zuordnen.

Wird eine egalitäre Rollenverteilung zwischen den Partnern gewünscht, so erschweren die Strukturen der Arbeitswelt sowie institutionelle und gesellschaftliche Arrangements deren Umsetzung (Busch/Holst, 2008; Bürgisser, 1998, 199). Dazu zählen neben mangelnden Angeboten an außerhäuslicher Kinderbetreuung, der Ausgestaltung der Steuer- und Sozialsysteme und der in Deutschland noch dominierenden Form der Halbtagsschule auch die geringe Inanspruchnahme von familienunterstützenden Dienstleistungen (Hülskamp/Seyda, 2004).

Die stärkere Inanspruchnahme familienunterstützender Dienstleistungen kann Familien im Zeitstress entlasten. Die durch die Abgabe von Haushaltstätigkeiten gewonnene Zeit ist sowohl für Erwerbsarbeit als auch zur Reduktion von Zeitstress verwendbar (Bundesregierung, 2006, 207 ff.). Dabei stellt das soziale Gefüge Familie ganz unterschiedliche Ansprüche an die Qualität der Familienzeit:

• Eltern möchten Zeit mit ihren Kindern verbringen (Lustdimension) und für diese auch zeitlich zur Erbringung von Fürsorgeleistungen zur Verfügung stehen (Pflichtdimension).

• Kinder möchten für verschiedene Zwecke und abhängig von ihrem Alter gemeinsame Zeit mit ihren Eltern verbringen.

• Paare als „Kern" der Familie brauchen Zeit miteinander, um der Gemeinsamkeit immer wieder eine neue Basis zu geben.

• Darüber hinaus brauchen alle Familienmitglieder auch Zeit für sich selbst (Eigenzeit), um die für die Familie konstitutive Balance von Nähe und Distanz immer wieder zu finden.

• Schließlich brauchen Familien auch Sozialzeit, mit der sie ihren privaten Binnenraum überschreiten und sich in unterschiedliche soziale und verwandtschaftliche Netzwerke integrieren.

Zeit spielt daher eine zentrale Rolle, um das Zusammengehörigkeitsgefühl in den Familien zu stärken, starke Eltern-Kind-Beziehungen aufzubauen und die Zufriedenheit mit der familiären Situation zu steigern. Familienunterstützende Dienstleistungen stellen eine Möglichkeit dar, die Familien von ungeliebten Pflichtaufgaben zu entlasten und ihnen mehr Zeit füreinander zu ermöglichen.

1.4 Verbreitung von familienunterstützenden Dienstleistungen

Die Haushaltsproduktion erreicht auf Basis der Angaben des Statistischen Bundesamts selbst bei vorsichtiger Schätzung eine Wertschöpfung von 987 Milliarden Euro (2001). Darin enthalten sind unter anderem die durch das Bundesamt mit einem Nettostundenlohn (einschließlich Bezahlung von Urlaub und Krankheit) von 8,85 Euro pro Stunde bewertete Arbeitszeit (850 Milliarden Euro), die kalkulatorischen Einnahmen aus Wohnungsvermietung (56 Milliarden Euro)

Gesamtwirtschaftliche Wertschöpfung nach Sektoren[1]

Tabelle 2

Sektor	Offizieller Sektor[2]		Haushalts-sektor[3]		Irregulärer Sektor[4]		Krimineller Sektor[4]	
Jahr	1992	2001	1992	2001	1992	2001	1992	2001
In Milliarden Euro	1.613	2.074	839	987	100	240	50	120
Im Verhältnis zum offiziellen BIP, in Prozent	100	100	52	48	6	12	3	6
Anteil an der gesamten Wertschöpfung, in Prozent	63	63	33	30	4	7	–	–

[1] Angaben für das Jahr 1992 und 2001: basierend auf der Zeitbudgeterhebung 2001/2002; [2] Einschließlich 130 Milliarden Euro (1992) beziehungsweise 214 Milliarden Euro (2001) aus Haushaltsproduktion, die ins BIP eingerechnet wird; [3] Unbezahlte Hausarbeit bewertet mit dem Nettolohn eines Generalisten (einschließlich Bezahlung für Krankheit und Urlaub) in Höhe von 8,85 Euro pro Stunde sowie Abschreibungen und unterstellte Einkommen aus Wohnungsvermietung und Sonstigem; [4] Schätzungen auf Basis des Bargeldansatzes.
Quellen: Statistisches Bundesamt, 2004b; eigene Berechnungen

sowie die Abschreibungen auf dauerhafte Gebrauchsgüter und eigengenutztes Wohneigentum (72 Milliarden Euro). Legte man die Bruttolöhne (einschließlich Steuern und Abgaben) in Höhe von 15,60 Euro pro Stunde zugrunde, würde die Haushaltsproduktion sogar eine Wertschöpfung von 1.637 Milliarden Euro erreichen. Die gesamte Wertschöpfung in Deutschland ist somit zwischen 50 und 80 Prozent größer als im Bruttoinlandsprodukt ausgewiesen. Nimmt man noch die legalen Güter und Dienstleistungen hinzu, die in der Schattenwirtschaft produziert werden (240 Milliarden Euro), würde die gesamte Wertschöpfung in Deutschland im Haushaltssektor rund 3,3 bis 4 Billionen Euro erreichen. Tabelle 2 gibt einen Eindruck von der relativen Bedeutung des Haushaltssektors.

Die Unterstützung des Familienalltags durch professionelle Dienstleister ist in Deutschland derzeit nicht sehr üblich. Bei einer Umfrage gaben 87 Prozent der Haushalte

Haushaltsnahe Beschäftigung aus Sicht der Nachfrager

Abbildung 2

Deutschland, im Jahr 2008, in Prozent

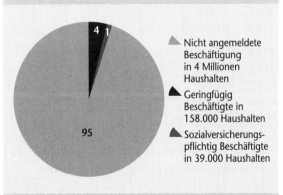

▲ Nicht angemeldete Beschäftigung in 4 Millionen Haushalten

▲ Geringfügig Beschäftigte in 158.000 Haushalten

▲ Sozialversicherungspflichtig Beschäftigte in 39.000 Haushalten

Quelle: Eigene Berechnungen in Anlehnung an SOEP; TNS Emnid, 2007; Allensbach, 2008; Minijob-Zentrale, 2008

an, keine offiziellen externen Hilfen in Anspruch zu nehmen (Becker, 2007, 207), und 97 Prozent der Eltern leisten die Kinderbetreuung im Haushalt selbst oder greifen auf die Hilfe von Verwandten, Nachbarn oder Freunden zurück (Schupp et al., 2007, 189). In Deutschland sind daher nur 197.000 Beschäftigte (158.000 geringfügig und 39.000 sozialversicherungspflichtig Beschäftigte) und somit gerade 0,4 Prozent der Erwerbstätigen in diesem Bereich registriert, andere Schätzungen kommen zu einem Anteil von 0,6 Prozent (Eichhorst/Tobsch, 2007, 7).

95 Prozent der haushaltsnahen Dienstleistungen werden unter Berücksichtigung von Umfragedaten (SOEP; Allensbach, 2008), welche die Nachfrage erfassen, durch nicht angemeldete Beschäftigte erbracht und zählen damit zur Schattenwirtschaft (Abbildung 2). Die genauere Analyse und Ableitung von Maßnahmen zur Mobilisierung dieses Potenzials sind ein Ziel dieser Studie. Beispielsweise ist es in Frankreich gelungen, mit 842.000 angemeldeten Dienstleistern gut 3,3 Prozent der Erwerbstätigen offiziell im Bereich der haushaltsnahen Dienstleistungen zu beschäftigen.

1.5 Bisherige Förderung und Politikziele

Ausgehend von diesem Befund und dem hohen Anteil an Schwarzarbeit, kann im Feld der familienunterstützenden Dienstleistungen ein hohes Beschäftigungspotenzial vermutet werden. Ziel der bisherigen politischen Maßnahmen war es, mit der Förderung der familienunterstützenden Dienstleistungen eine mehrfache Dividende zu erwirtschaften. Familien sollen bei Kinderbetreuung, Erwerbstätigkeit und Haushaltsführung zeitlich entlastet, die Frauenerwerbstätigkeit gefördert, Arbeitsplätze für Geringqualifizierte oder Langzeitarbeitslose geschaffen und der Schwarzmarkt zurückgedrängt werden, sodass mittelfristig Steuereinnahmen für den Fiskus entstehen.

Bereits 1997 führte die damalige Regierung eine steuerliche Vergünstigung für sozialversicherungspflichtig Beschäftigte in Privathaushalten ein. Berufstätige Ehepaare mit mindestens zwei Kindern konnten die Ausgaben hierfür (umgerechnet etwa 9.200 Euro) von der Steuer absetzen. Doch das Gesetz wurde bald als „Dienstmädchenprivileg" öffentlich diskreditiert, da es vor allem wohlhabende Haushalte begünstigte. Wer keine eigene Hausangestellte, sondern nur stundenweise eine außerhäusliche Betreuung für die Kinder suchte, erhielt keine steuerliche Förderung. Das „Dienstmädchenprivileg" wurde Ende 2001 abgeschafft. Die Hartz-Reformen des Jahres 2003 regelten die sozial- und steuerrechtliche Behandlung von bezahlter Beschäftigung in Privathaushalten neu. Wiederum wurde die Nachfrageseite gefördert, allerdings auf einer breiteren Basis. Derzeit gelten im Bereich der haushaltsnahen Dienstleistungen folgende Regelungen:

Minijobs in Privathaushalten

Minijobs in Privathaushalten sind eine spezielle Form der geringfügigen Beschäftigung und werden seit dem 1. April 2003 gefördert (Minijob-Zentrale, 2008). Damit wurde die bürokratische Hemmschwelle bei der Einstellung von geringfügig Beschäftigten gesenkt. Durch das sogenannte „Haushaltsscheckverfahren" beschränkt sich der Aufwand auf das Ausfüllen eines einseitigen Formblatts. Der Arbeitgeber Haushalt zahlt geringere Pauschalbeiträge als bei gewerblichen Minijobs. Die Pauschalbeiträge zur Renten- und Krankenversicherung belaufen sich auf jeweils 5 Prozent. Hinzu kommen Umlagen zum Ausgleichsverfahren nach dem Aufwendungsausgleichsgesetz in Höhe von 0,1 Prozent, Beiträge zur gesetzlichen Unfallversicherung in Höhe von 1,6 Prozent, gegebenenfalls noch eine einheitliche Pauschalsteuer in Höhe von 2 Prozent. Die Abgaben werden im Haushaltsscheckverfahren durch die Minijob-Zentrale per Einzugsermächtigung vom Konto des Arbeitgebers eingezogen. Seit dem 1. Januar 2006 übernimmt die Minijob-Zentrale bei Minijobs in Privathaushalten auch die Anmeldung zur gesetzlichen Unfallversicherung und den Einzug der Unfallversicherungsbeiträge, die bundeseinheitlich 1,6 Prozent des Arbeitsentgelts betragen. Insgesamt zahlt der Privathaushalt als Arbeitgeber damit 15,3 Prozent der reinen Lohnsumme an Steuern und Versicherungen. Dem Minijobber steht das Recht auf Lohnfortzahlung an Feiertagen und im Krankheitsfall zu, er hat generell Anspruch auf den gesetzlichen Mindesturlaub (vier Wochen pro Jahr). Im Falle einer Schwangerschaft hat eine Minijobberin das Recht auf die Bezahlung von drei Monaten Mutterschaftsgeld durch den privaten Arbeitgeberhaushalt.

Steuerliche Förderung

Die Möglichkeiten der steuerlichen Absetzbarkeit wurden mit der Reform 2006 deutlich ausgeweitet und werden ab 2009 nochmals erhöht. Einheitlich können dann 20 Prozent der Aufwendungen für haushaltsnahe Dienstleistungen von der Steuer abgesetzt werden. Bei Beschäftigung von Minijobbern sind maximal 510 Euro im Jahr steuerlich abzugsfähig. Bei haushaltsnahen Beschäftigungsverhältnissen und Dienstleistungen liegt die Obergrenze bei 4.000 Euro im Jahr. Die Arbeiten können dabei sowohl an selbstständige Anbieter als auch an Dienstleistungsagenturen vergeben werden. Für Handwerkerleistungen können 600 Euro geltend gemacht werden.

Dienstleistungsagenturen

Mitte der neunziger Jahre wurde mit der Zusammenführung des Angebots an familienunterstützenden Dienstleistungen in sogenannten Dienstleistungsagenturen oder Dienstleistungspools ein Instrument geschaffen, um die stundenweise Nachfrage der Haushalte zu bündeln und sozialversicherungspflichtige Vollzeitjobs zu schaffen (Bittner/Weinkopf, 2001). Der Vorteil der Dienstleistungsagenturen ist, dass die Arbeitgeberpflichten nicht bei den Haushalten, sondern bei der Agentur liegen und die Anbieter von Dienstleistungen eine sozialversicherungspflichtige Beschäftigung mit reguläreren Arbeitsstrukturen, den Möglichkeiten zum Austausch mit Kollegen und auch Weiterbildung finden. Mehrere Länder und Kommunen legten spezielle Förderprogramme auf, um die Dienstleistungsagenturen am Markt zu etablieren (Schreier/Stallmann, 2007). Dabei wurden verschiedene Förderansätze umgesetzt. Das Saarland beispielsweise förderte jede verkaufte Dienstleistungsstunde mit 6,20 Euro, Nordrhein-Westfalen übernahm zwei Jahre lang bis zu 80 Prozent der Sach- und Personalkosten, die für Leitung und Organisation der Agentur anfielen. Evaluierungen der Projekte kommen jedoch regelmäßig zu der Erkenntnis, dass eine dauerhafte Marktetablierung ohne öffentliche Förderung nicht erreicht werden kann (Schreier/Stallmann, 2007, 46; Görner, 2006; Bittner/Weinkopf, 2001, 147 ff.).

2 Der Markt für familienunterstützende Dienstleistungen

Im Folgenden wird der Markt für familienunterstützende Dienstleistungen analysiert, um die derzeitigen Anreizstrukturen für Anbieter und Nachfrager in Bezug auf verschiedene mögliche Beschäftigungsformen aufzudecken. Dazu werden die Anbieter und Nachfrager von familienunterstützenden Dienstleistungen empirisch untersucht. Grundlage ist das Sozio-oekonomische Panel (SOEP), das vom Deutschen Institut für Wirtschaftsforschung bereitgestellt wird (Wagner et al., 2007). Das SOEP ist eine seit 1984 durchgeführte repräsentative Wiederholungsbefragung von über 11.000 Haushalten und 21.000 Personen. Erhoben wird eine Vielzahl haushalts- und personenbezogener Themen, beispielsweise zur schulischen und beruflichen Qualifikation, zum Erwerbsstatus, zur Erwerbstätigkeit oder zum Einkommen. Eine Besonderheit des Datensatzes, die ihn besonders geeignet erscheinen lässt, ist die Möglichkeit der Verknüpfung von Haushalts- und Personenvariablen. Das SOEP hält Hochrechnungsfaktoren bereit, mit deren Hilfe auf die Grundgesamtheit aller in Deutschland lebenden Personen hochgerechnet werden kann. Die aktuelle Welle bezieht sich auf das Jahr 2006.

2.1 Profil der Anbieter

Methodik

Die empirische Analyse der Beschäftigung in familienunterstützenden Dienstleistungen ist mit Schwierigkeiten behaftet, da es keine allgemein akzeptierte Definition von familienunterstützenden Dienstleistungen gibt, diese sehr unterschiedliche Berufsgruppen umfassen und die Tätigkeiten zudem oft als Nebenerwerb oder in Schwarzarbeit ausgeübt werden und somit statistisch schwer abzugrenzen sind. Hinzu kommt, dass der Arbeitsort Privathaushalt nicht unbedingt über die Klassifikation der Erwerbstätigen zugeordnet werden kann. Eine Reinigungskraft, die über eine Agentur in Privathaushalten arbeitet, wird als Angestellte eines Unternehmens registriert und nicht als Beschäftigte in Privathaushalten.

Die Analyse kann mit verschiedenen Methoden angegangen werden. Der erste Ansatz besteht in der Abgrenzung der Beschäftigten nach Beruf. Das SOEP stellt gleich zwei Klassifikationen der Erwerbstätigen nach Beruf bereit, nämlich die „International Standard Classification of Occupations" (ISCO) in der Fassung von 1988 (ILO, 1990) sowie die „Klassifizierung der Berufe" vom Statistischen Bundesamt in der Fassung von 1992 (Statistisches Bundesamt, 2004a, 488 ff.). Beide Klassifikationen enthalten eine Reihe von Berufen, die in dem breiten Spektrum der Tätigkeiten von familienunterstützenden Dienstleistungen infrage kommen (Übersicht 2).

Bei der Betrachtung der Klassifikationen zeigt sich, dass die ISCO-Klassifikation besser geeignet ist, die schwierige, aber erforderliche Unterscheidung von Dienstleistungstätigkeiten in Unternehmen und in Haushalten zu ermöglichen. So unterscheidet die ISCO zwischen Pflegekräften in Institutionen und in Haushalten, während in der Klassifikation des Statistischen Bundesamts nur Pflegekräfte als solche ausgewiesen werden. Insbesondere die Berufe „Erzieher" und „Gebäudereiniger" werden zu einem großen Teil für Unternehmen und nicht für private Haushalte erbracht. Daher wird im Weiteren auf die ISCO-Klassifikation mitsamt der in Übersicht 2 spezifizierten Definition zurückgegriffen. Zu berücksichtigen ist dabei, dass der Klassifizierungsprozess fehleranfällig ist. Die Angaben zur beruflichen Tätigkeit werden von den Befragten im Klartext erhoben und dann von den Mitarbeitern des Befragungsunternehmens verschlüsselt. Dabei sind Fehlcodierungen nicht ausgeschlossen.

Eine zweite Möglichkeit der Abgrenzung familienunterstützender Dienstleistungen besteht in der Betrachtung der Beschäftigung im Wirtschaftszweig „private Haushalte". Das SOEP befragt die Erwerbstätigen unter anderem auch nach der

Familienunterstützende Dienstleistungen und Berufsklassifizierungen

ISCO-Code	Beruf	StaBu-Code	Beruf
5121	Hauswirtschaftliche und verwandte Berufe	794	Haus- und Gewerbediener
5131	Kinderbetreuer*	796	Hausmeister, Hauswarte
5133	Haus- und Familienpfleger	863	Erzieher
5139	Pflege- und verwandte Berufe, anderweitig nicht genannt	864	Altenpfleger
9131	Haushaltshilfen und Reinigungspersonal in Privathaushalten	865	Familienpfleger, Dorfhelfer
9133	Handwäscher und Handbügler	867	Kinderpfleger
9141	Hausmeister, Hauswarte und verwandte Berufe	921	Haus- und Ernährungswirtschaftler
9142	Fahrzeugreiniger, Fensterputzer und verwandtes Reinigungspersonal	922	Hauswirtschaftliche Gehilfen und Helfer
		934	Gebäudereiniger, Raumpfleger
		936	Fahrzeugpfleger

* Der Beruf „Kinderbetreuer" in der ISCO-Klassifikation umfasst nicht die professionellen Kinderbetreuer in Einrichtungen. Diese sind als „nicht-wissenschaftliche Lehrkräfte des Vorschulbereichs" (ISCO 3220) eingeordnet.
Eigene Zusammenstellung

Branche, in der die Erwerbstätigkeit stattfindet. Diese Daten werden zur Klassifikation der Wirtschaftszweige nach NACE auf 2-Steller-Ebene verschlüsselt, die auch kompatibel zur deutschen Wirtschaftszweigklassifikation WZ03 ist (Statistisches Bundesamt, 2003). Da bei der Erhebung der Branche kein direkter erhebungstechnischer Zugriff auf das Unternehmen, sondern nur indirekt über den Beschäftigten erfolgt, stellt sich die Branchenangabe als noch fehleranfälliger als die Berufsangabe dar. Dazu kommt ein weiteres Problem: Charakteristisches Merkmal von familienunterstützenden Dienstleistungen ist, dass sie für private Haushalte erbracht werden, was aber nicht zwingend bedeutet, dass sie auch den privaten Haushalten zugeordnet sind. So wären die Dienste einer Reinigungskraft in einem Privathaushalt, die nicht direkt vom Haushalt angestellt wird, sondern beispielsweise von einer Dienstleistungsagentur, dennoch als familienunterstützende Dienstleistung anzusehen. In einer wirtschaftszweigbezogenen Betrachtung werden sie als solche aber nicht erkannt.

Der dritte Weg zur Erfassung der in familienunterstützenden Dienstleistungen beschäftigten Erwerbstätigen geht von der Vermutung aus, dass nur ein Teil der Erwerbstätigkeit im Haupterwerb ausgeübt wird. Eine erhebliche Anzahl Erwerbstätiger wird diese Dienstleistungen im Nebenerwerb, also parallel zu einer

Haupterwerbstätigkeit, einer Rente, einer schulischen oder beruflichen Ausbildung oder anderen Formen der Nichterwerbstätigkeit ausüben. Die amtliche Statistik zählt zwar auch diese zu den Erwerbstätigen, tut sich aber schwer mit ihrer Erfassung (Fuchs/Söhnlein, 2003). Im SOEP besteht das Problem der Erfassung von Nebenerwerbstätigkeiten im Grundsatz ebenfalls. Es wird allerdings durch eine speziell auf Nebenerwerbstätigkeiten zielende Frage gemildert. Für die Nebenerwerbstätigen wird wie bei der Haupterwerbstätigkeit der Beruf nach ISCO erfasst. Detaillierte Angaben zur Branche stehen allerdings nicht zur Verfügung, vielmehr wird nur grob nach den Sektoren „Landwirtschaft", „Bau", „Industrie" und „Dienstleistungen" unterschieden. Weiterhin wird erfragt, ob die Nebenerwerbstätigkeit in Unternehmen, privaten Haushalten oder öffentlichen Einrichtungen erbracht wird.

In Tabelle 3 ist die Anzahl der Erwerbstätigen in familienunterstützenden Dienstleistungen gemäß der Definition nach Beruf in der ISCO-Klassifikation (siehe Übersicht 2) angegeben. Danach befinden sich in der SOEP-Stichprobe zusammen 353 Personen, deren Tätigkeit den familienunterstützenden Dienstleistungen zugeordnet werden kann. Gewichtet mit den Hochrechnungsfaktoren ergibt sich eine Anzahl von rund einer Million Erwerbstätigen. Da die Grundgesamtheit jedoch aus nur etwa hochgerechnet 32 Millionen Erwerbstätigen besteht, für die verwertbare Angaben zum Beruf vorliegen, ergibt sich ein Anteil der familienunterstützenden Dienstleistungen an der gesamten Erwerbstätigkeit von 3,2 Prozent. Bezogen auf die in den Volkswirtschaftlichen Gesamtrechnungen ausgewiesene Erwerbstätigenzahl von 39,737 Millionen ist deshalb von hochgerechnet 1,272 Millionen Erwerbstätigen in familienunterstützenden Dienstleistungen auszugehen.

Demgegenüber sind nur 143.000 Personen und somit 0,5 Prozent der Erwerbstätigen im Sektor „private Haushalte" klassifiziert. Dies deckt sich annähernd mit der Europäischen Arbeitskräfteerhebung, die in Abschnitt 3.4 zur Vornahme eines internationalen Vergleichs herangezogen wird und für Deutschland 0,6 Prozent der Beschäftigten in Privathaushalten ausweist. Das SOEP weist in dieser Erfassung allerdings keine Person aus, die eine familienunterstützende Dienstleistung gemäß dem Berufskonzept ausübt. Einer Nebenerwerbstätigkeit in privaten Haushalten gehen 840.000 Personen nach und für insgesamt 260.000 dieser Erwerbstätigen kann auch der (Neben-)Beruf einer familienunterstützenden Dienstleistung zugeordnet werden. Die Übrigen üben Berufe aus, die zunächst nicht als familienunterstützende Dienstleistungen definiert wurden. Dies sind insbesondere Lehrkräfte (vermutlich Nachhilfelehrer), Musiker, landwirtschaftliche Hilfskräfte und nicht zuzuordnende Berufe. Hier stellt sich die Frage, ob

Anzahl der Erwerbstätigen in familienunterstützenden Dienstleistungen nach Berufskonzept

Tabelle 3

	Ungewichtete Anzahl	Hochgerechnete Anzahl
Im Haupterwerb	257	666.193
Im Nebenerwerb	96	344.315
Insgesamt	353	1.010.508
Nachrichtlich: andere Berufe	11.194	31.048.408

Quellen: SOEP; eigene Berechnungen

diese den familienunterstützenden Dienstleistungen hinzugerechnet werden müssen. Dagegen spricht allerdings, dass etwa im Falle der landwirtschaftlichen Hilfskräfte und der Musiker der Familienbezug nur schwer erkennbar ist. Bei den Nachhilfelehrern ist zwar ein solcher zu vermuten, dennoch steht diese Tätigkeit nicht im Vordergrund des Interesses, da der Sektor bereits in hohem Maße professionalisiert ist und wenig Entwicklungsmöglichkeiten im Hinblick auf die angemeldete Beschäftigung bietet. Vor diesem Hintergrund wird im Folgenden am Berufskonzept festgehalten.

Die sozioökonomischen Merkmale der Anbieter

Erwartungsgemäß dominieren bei den Anbietern familienunterstützender Dienstleistungen weibliche Arbeitskräfte. Von den im Haupterwerb Erwerbstätigen sind knapp 70 Prozent Frauen, im Nebenerwerb sind es 58 Prozent. Bei den Erwerbstätigen in anderen Berufen beträgt der Frauenanteil dagegen nur 48 Prozent. Die Altersstruktur der Anbieter von familienunterstützenden Dienstleistungen unterscheidet sich von der anderer Berufe. Erwerbstätige, die familienunterstützende Dienstleistungen im Haupterwerb erbringen, sind deutlich älter als Erwerbstätige in anderen Berufen (Tabelle 4). Demgegenüber sind die Erwerbstätigen, die familienunterstützende Dienstleistungen im Nebenerwerb erbringen, erheblich jünger. Hier ist das mit 23 Jahren geringe Durchschnittsalter der Kinderbetreuer ausschlaggebend.

Wird die Altersstruktur mit dem Geschlecht kreuztabelliert, ergibt sich nur an einer Stelle ein deutlicher Unterschied zwischen Männern und Frauen: Die männlichen Er-

Mittleres Alter (Median) der Erwerbstätigen in familienunterstützenden Dienstleistungen

Tabelle 4

in Jahren

	Männer	Frauen	Insgesamt
Im Haupterwerb	50	46	47
Im Nebenerwerb	47	24	38
Andere Berufe	42	41	42

Quellen: SOEP; eigene Berechnungen

werbstätigen in familienunterstützenden Dienstleistungen im Nebenerwerb sind einige Jahre älter als die im Hauptberuf oder in anderen Berufen. Bei den Frauen ergibt sich ein ganz anderes Bild: Hier sind die Nebenerwerbstätigen mit einem mittleren Alter von 24 Jahren deutlich jünger als Erwerbstätige im Hauptberuf oder in anderen Berufen.

Der Familienstand der Erwerbstätigen in familienunterstützenden Dienstleistungen zeigt an zwei Stellen Abweichungen gegenüber der Struktur in anderen Berufen. Erstens ist bei den Erwerbstätigen im Haupterwerb der Anteil der Geschiedenen größer als der Anteil der Ledigen. Zweitens ist bei den Erwerbstätigen im Nebenerwerb der Anteil der Ledigen deutlich höher, dafür ist der Anteil der Verheirateten kleiner. Insgesamt gesehen leben aber etwa zwei Drittel der Beschäftigten mit einem Partner zusammen (Tabelle 5). Bei den Nebenerwerbstätigen handelt es sich zu 18 Prozent um Frauen unter 35 Jahren in Einpersonenhaushalten. Die entsprechenden Vergleichswerte betragen für Erwerbstätige im Haupterwerb und in anderen Berufen nur jeweils rund 3 Prozent. Auch Personen in Paarhaushalten ohne Kinder üben häufiger familienunterstützende Dienste im Nebenerwerb aus. Dafür ist der Anteil der Erwerbstätigen in Familien geringer als in anderen Berufen oder bei den Haupterwerbstätigen. Bei den im Haupterwerb in familienunterstützenden Dienstleistungen Erwerbstätigen ist dagegen der Anteil der Alleinerziehenden höher als in anderen Berufen. Der Ausländeranteil beträgt bei den familienunterstützenden Dienstleistungen insgesamt 5,9 Prozent und liegt damit gleichauf mit dem Ausländeranteil in anderen Berufen.

Aus der Betrachtung dieser individuellen Merkmale der Erwerbstätigen ergibt sich somit ein recht klares Profil der Anbieter. Bei den Erwerbstätigen im Haupterwerb handelt es sich überwiegend um Frauen ohne Besonderheiten im Hinblick auf

Haushaltskontext der Erwerbstätigen

Tabelle 5

in Prozent

	Andere Berufe	Familienunterstützende Dienstleistungen	
		Haupterwerb	Nebenerwerb
Paare	72	67	63
darunter:			
ohne Kinder	39	36	51
mit Kindern	61	64	49
Alleinstehende	19	20	33
darunter:			
Männer	58	55	33
Frauen	42	45	67
Alleinerziehende	5	12	3
Mehrgenerationenhaushalte und Sonstige	4	1	1

Quellen: SOEP; eigene Berechnungen

Alter oder Nationalität. Sie leben zu zwei Dritteln in Paarhaushalten. Der Anteil Geschiedener ist höher als in der Gesamtbevölkerung. Im Falle der Nebenerwerbstätigen handelt es sich vorwiegend um junge, ledige Frauen.

Ein Vergleich mit Haushaltsdaten aus Frankreich zeigt, dass familienunterstützende Dienstleistungen dort ebenfalls ganz überwiegend von Frauen angeboten werden, diese aber tendenziell älter sind als in Deutschland. 94 Prozent der etwa 842.000 Personen in diesem Berufszweig sind weiblich, nur 10 Prozent der Mitarbeiter unter 30 Jahre alt, 35 Prozent zwischen 40 und 50 Jahre und weitere 35 Prozent über 50 Jahre (Insée, 2008). Eine Erklärung hierfür könnte das staatlich hochsubventionierte Gutscheinsystem sein, das zu einem höheren regulären Arbeitsplatzangebot in Dienstleistungsagenturen geführt hat, weshalb der Haupterwerb im Bereich der familienunterstützenden Dienstleistungen eine größere Rolle spielt als in Deutschland.

Qualifikation der Anbieter

Die Disaggregation der Erwerbstätigkeit nach Qualifikation kann mit zwei unterschiedlichen Ansätzen untersucht werden. Erstens können der Schulabschluss, berufliche Bildungsabschlüsse sowie die Berufserfahrung direkt beobachtet werden. Zweitens kann mit dem SOEP auch der Beruf nach der zu dessen Ausübung erforderlichen Qualifikation klassifiziert werden. Beide Ansätze beantworten unterschiedliche Fragen. Wenn der zur Ausweitung familienunterstützender Dienstleistungen erforderliche Qualifikationsbedarf abgeschätzt werden soll, wäre der zweite Ansatz vorzuziehen. Für die Tätigkeit einer Reinigungskraft ist es unerheblich, ob sie einen fachfremden Hochschulabschluss oder keinen Schulabschluss aufweist. Entscheidend ist lediglich die Frage, ob die für die Tätigkeit erforderlichen Qualifikationen vorhanden sind. Für eine Charakterisierung und Typisierung der Anbieter wäre wiederum der erste Ansatz adäquat. Zu berücksichtigen ist, dass die zur Ausübung der Tätigkeit erforderliche Ausbildung nur für den Hauptberuf, nicht aber separat für den Nebenerwerb erhoben wird. Das Gleiche gilt für die Berufserfahrung. Die tatsächliche Qualifikation wird dagegen unabhängig vom Erwerbsstatus erhoben.

Die durchschnittliche Betriebszugehörigkeitsdauer von Erwerbstätigen in familienunterstützenden Dienstleistungen ist – wie erwartet werden konnte – kürzer als in den anderen Berufen. Im Haupterwerb Erwerbstätige kommen auf einen Mittelwert von 7,3 und einen Median von 4,3 Jahren. In allen Berufen beträgt der Durchschnitt der Betriebszugehörigkeit dagegen 10,9 beziehungsweise 7,7 Jahre. Für die Erwerbstätigen im Nebenerwerb muss vermutet werden, dass ihre Betriebszugehörigkeitsdauer noch einmal darunter liegt. Demgemäß sind familienunterstützende Dienstleistungen von kurzfristigeren Beschäftigungsverhältnissen geprägt, als das in anderen Bereichen der Fall ist.

Die Betrachtung der erforderlichen Ausbildung stützt die These, dass es sich hier um Berufe mit einem geringen fachlichen Anforderungsprofil handelt. Familienunterstützende Dienstleistungen verlangen in der Mehrzahl nur nach einer Einarbeitung. In knapp der Hälfte der Fälle ist eine abgeschlossene Berufsausbildung erforderlich. Dieser Wert liegt nur wenig unter dem Vergleichswert für andere Berufe. Bei familienunterstützenden Dienstleistungen spielt jedoch die akademische Bildung keine nennenswerte Rolle. In nur 2 Prozent der Fälle ist ein Hochschulabschluss notwendig – das liegt unterhalb der statistischen Nachweisgrenze (Abbildung 3). In anderen Berufsfeldern ist dagegen zu mehr als 20 Prozent eine akademische Ausbildung erforderlich.

Zu einen differenzierteren Befund kommt die Aufschlüsselung nach tatsächlichem Qualifikationsniveau. Im SOEP wird der jeweils höchste erreichte Bildungsgrad im Rahmen der ISCED-1997-Klassifikation bereitgestellt (Schroedter et al., 2006; OECD, 1999). Demnach weisen Erwerbstätige, die in familienunterstützenden Dienstleistungen im Haupterwerb arbeiten, höhere Anteile der unteren Qualifikationsstufen, das heißt keine abgeschlossene Berufsausbildung auf. Der Anteil der Erwerbstätigen mit einer Berufsausbildung als höchstem Abschluss ist indes auch höher. Dies geht jedoch zulasten des Anteils an Akademikern, der mit 6 Prozent deutlich geringer ist als in anderen Berufen, wo er 22 Prozent erreicht. Bei den Erwerbstätigen, die familienunterstützende Dienstleistungen im Nebenerwerb erbringen, ist der Anteil der Personen ohne Berufsausbildung noch höher. Dies dürfte indes auch daran liegen, dass viele Jüngere, die ihre Ausbildungsphase noch nicht abgeschlossen haben, eine solche

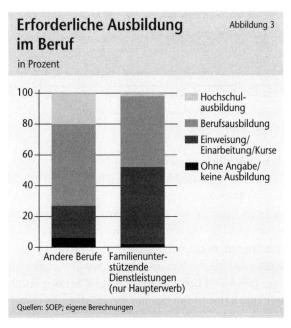

Erforderliche Ausbildung im Beruf

Abbildung 3

in Prozent

- Hochschulausbildung
- Berufsausbildung
- Einweisung/Einarbeitung/Kurse
- Ohne Angabe/keine Ausbildung

Andere Berufe   Familienunterstützende Dienstleistungen (nur Haupterwerb)

Quellen: SOEP; eigene Berechnungen

Qualifikation der Erwerbstätigen nach ISCED-Stufe Tabelle 6

in Prozent

ISCED-Stufe	Andere Berufe	Familienunterstützende Dienstleistungen	
		im Haupt-erwerb	im Neben-erwerb
(1) Primarstufe (Grundschule ohne Abschluss)	1	1	0
(2) Sekundarstufe I (Haupt-/Realschule)	11	19	21
(3) Sekundarstufe II (Abitur oder Berufsausbildung)	46	59	42
(4) Postsekundäre, nicht-tertiäre Stufe (Abitur und Berufsausbildung)	7	6	8
(5) Erste tertiäre Stufe (Techniker-, Meister-ausbildung u. Ä.)	8	4	3
(6) Zweite tertiäre Stufe (Hochschulabschluss)	22	6	13

Zu 100 fehlende Werte: keine Angaben.
Quellen: SOEP; eigene Berechnungen;

Nebenerwerbstätigkeit ausüben. Immerhin geben 7 Prozent an, noch Schüler zu sein. Der im Vergleich zu Haupterwerbstätigen doppelt so hohe Akademikeranteil deutet darauf hin, dass auch viele (examinierte) Studenten einer Nebenerwerbstätigkeit nachgehen (Tabelle 6).

Arbeitsbedingungen

Geringfügige Beschäftigung ist bei den im Haupterwerb in familienunterstützenden Dienstleistungen Beschäftigten mit 18 Prozent weiter verbreitet als in anderen Berufen, wo es nur 6 Prozent sind. Auch der Anteil der Midi-Job-Beschäftigten, die zwischen 400 und 800 Euro brutto monatlich verdienen, ist bei den Dienstleistern mit 3 gegenüber 1 Prozent größer. Generell kann aber nicht von einer höheren Inzidenz atypischer Erwerbsformen ausgegangen werden. So liegt der Anteil befristet Beschäftigter bei den familienunterstützenden Dienstleistungen mit 13 Prozent nur wenig höher als in anderen Berufen (11 Prozent). Bei den Nebenerwerbstätigen ist der Anteil mit 20 Prozent deutlich höher, allerdings liegen hier auch nur für die Hälfte der Erwerbstätigen verwertbare Informationen vor.

Wie angesichts der stärkeren Verbreitung geringfügiger Beschäftigung schon zu vermuten, ist die durchschnittliche tatsächliche Arbeitszeit in familienunterstützenden Dienstleistungen geringer als in anderen Berufen. Im Haupterwerb ergibt sich ein arithmetisches Mittel von 30 Stunden, während die Nebenerwerbstätigen nur auf 21 Stunden in der Woche kommen. Für Erwerbstätige in anderen

Berufen errechnet sich ein Schnitt von 37 Stunden. Neben der tatsächlichen Arbeitszeit erfragt das SOEP auch die Arbeitszeitwünsche der Erwerbstätigen, die indes – wie die erforderliche Ausbildung – nur für den Haupterwerb ausgewertet werden können. Daraus ergibt sich, dass von den Erwerbstätigen in familienunterstützenden Dienstleistungen ungefähr je ein Drittel eine Verlängerung beziehungsweise eine Verkürzung der wöchentlichen Arbeitszeit wünscht (Tabelle 7). Ein weiteres Drittel ist mit der tatsächlichen Arbeitszeit zufrieden. Diese Verteilung unterscheidet sich von der in anderen Berufen, in denen der Wunsch nach Arbeitszeitverkürzung mit 52 Prozent klar dominiert. Obwohl der Wunsch nach Arbeitszeitverlängerung stärker ausgeprägt ist als in anderen Berufen, ergibt sich in der Summe nur ein relativ geringes Potenzial an zusätzlichem Arbeitsangebot von 524.000 Stunden in der Woche beziehungsweise 27,3 Millionen Stunden im Jahr. Könnten die Arbeitszeitwünsche realisiert werden, entspräche das einem Zuwachs des bestehenden Arbeitsvolumens in diesem Bereich von 2,8 Prozent.

Die Bruttomonatslöhne der Haupterwerbstätigen sind in familienunterstützenden Dienstleistungen nur rund halb so hoch wie in anderen Berufen, was einerseits auf die geringere durchschnittliche Arbeitszeit und andererseits auf die geringere erforderliche und vorhandene Qualifikation zurückgeführt werden kann. Noch einmal deutlich geringer sind die Monatslöhne der Erwerbstätigen im Nebenerwerb. Hier wirkt sich die Tatsache aus, dass es sich in vielen Fällen um unregelmäßige, gelegentliche Arbeiten gegen Entgelt handelt. Dies spiegelt sich auch in den Stundenlöhnen wider, die von humankapitalrelevanten Einflussfaktoren wie Qualifikation und Berufserfahrung geprägt werden. Auch hier kommen die Erwerbstätigen in familienunterstützenden

Saldo der gewünschten und tatsächlichen Arbeitszeit
Tabelle 7

in Prozent

	Familienunterstützende Dienstleistungen (nur Haupterwerb)	Andere Berufe
Keine Angabe	8	11
Keine Änderung	30	20
Verringerung	30	52
Erhöhung	32	16

Quellen: SOEP; eigene Berechnungen

Median der Durchschnittslöhne
Tabelle 8

in Euro

	Andere Berufe	Familienunterstützende Dienstleistungen	
		im Haupterwerb	im Nebenerwerb
Bruttomonatslohn	2.200	1.250	100
Bruttostundenlohn	13,03	8,65	7,50

Quellen: SOEP; eigene Berechnungen

Dienstleistungen im Haupterwerb nur auf zwei Drittel des Wertes in anderen Berufen (Tabelle 8). Nebenerwerbstätige weisen noch geringere Stundenlöhne auf. Von ihnen erhalten 30 Prozent einen oder mehrere Transfers (Arbeitslosengeld, Arbeitslosengeld II, Rente, Unterhaltsgeld, BAföG etc.).

Haushaltseinkommen

Das durchschnittliche Haushaltseinkommen von Anbietern familienunterstützender Dienstleistungen ist etwas niedriger als das von Erwerbstätigen in anderen Berufen. Haupterwerbstätige kommen auf einen Median des Nettohaushaltseinkommens von 2.354 Euro, Nebenerwerbstätige auf 2.400 Euro. Erwerbstätige in anderen Berufen erreichen jedoch 2.650 Euro. Zu beachten ist, dass die Bruttoerwerbseinkommen der Anbieter familienunterstützender Dienstleistungen viel weiter unter dem Durchschnitt liegen als die Nettohaushaltseinkommen, die sich nur geringfügig unterscheiden. Das liegt daran, dass Haushalte in der Regel über mehr als eine Einkommensquelle verfügen. Neben Transfers spielen vor allem die Erwerbseinkommen von Partnern eine herausragende Rolle.

Noch einmal anders ist der Befund, wenn zusätzlich die unterschiedliche Haushaltsgröße berücksichtigt wird. Dabei ist von haushaltsinternen Skalenerträgen auszugehen, die in der sogenannten „neuen OECD-Skala" quantifiziert sind. Demzufolge erhält der Haushaltsvorstand ein Gewicht von 1, weitere Erwachsene ein Gewicht von 0,5 und Kinder ein Gewicht von 0,3. Damit wird dem Umstand Rechnung getragen, dass zum Beispiel ein Paarhaushalt weniger für Miete aufwenden muss als zwei Einpersonenhaushalte. Somit ergibt sich für jeden Haushalt ein Äquivalenzgewicht, das der Summe der Gewichte der Haushaltsmitglieder entspricht. Wird das Haushaltsnettoeinkommen durch das Äquivalenzgewicht geteilt, ergibt sich das Nettoäquivalenzeinkommen, das unter anderem in der Definition und Quantifizierung von Armut Verwendung findet. Das Nettoäquivalenzeinkommen gibt an, wie viel Einkommen einem Individuum unter Berücksichtigung des Haushaltskontextes zur Verfügung steht. Weniger als 60 Prozent des durchschnittlichen Nettoäquivalenzeinkommens gilt gemeinhin als Armutsgrenze (Bundestag, 2005).

Der Median des Nettoäquivalenzeinkommens ist bei Erwerbstätigen, die familienunterstützende Dienstleistungen im Haupterwerb ausüben, mit 1.291 Euro deutlich niedriger als bei Erwerbstätigen in anderen Berufen beziehungsweise Erwerbstätigen insgesamt (1.600 Euro). Dagegen verfügen Nebenerwerbstätige über ein höheres äquivalenzgewichtetes Haushaltseinkommen (1.650 Euro). Auch der Anteil der Personen mit sehr niedrigen Haushaltseinkommen ist bei den Haupterwerbstätigen höher. 22 Prozent verfügen maximal über 60 Prozent des Medianein-

Schichtung der Nettoäquivalenzeinkommen der Erwerbstätigen

Tabelle 9

Anteile in Prozent

Einkommensschicht*	Andere Berufe	Familienunterstützende Dienstleistungen	
		im Haupterwerb	im Nebenerwerb
bis 50 Prozent	6	9	9
über 50 bis 60 Prozent	6	13	4
über 60 bis 70 Prozent	8	7	8
über 70 bis 120 Prozent	47	53	52
über 120 bis 150 Prozent	15	9	10
über 150 Prozent	18	8	16

* In Prozent des Medianeinkommens der Erwerbstätigen.
Quellen: SOEP; eigene Berechnungen

kommens aller Erwerbstätigen (Tabelle 9). Dies entspricht indes nicht einer spezifischen Armutsquote, da zu deren Berechnung auch Nichterwerbstätigenhaushalte herangezogen würden. Spiegelbildlich ist die Häufigkeit von hohen äquivalenzgewichteten Haushaltseinkommen deutlich geringer. Nur 17 Prozent der Haupterwerbstätigen verfügen über mehr als 120 Prozent des Medians. Demgegenüber sind Erwerbstätige in anderen Berufen zu einem Drittel als Hocheinkommensbezieher einzuordnen. Bezeichnenderweise unterscheidet sich die Einkommensschichtung der Nebenerwerbstätigen nur wenig von der Struktur in anderen Berufen. Dies ist ein weiterer Hinweis darauf, dass diesen Tätigkeiten allenfalls ein ergänzender Charakter bei der Generierung des Haushaltseinkommens zukommt.

2.2 Profil der Nachfrager

Mithilfe des SOEP können näherungsweise die Zahl und die sozio-ökonomischen Merkmale der Haushalte bestimmt werden, die familienunterstützende Dienstleistungen in Anspruch nehmen. Die entsprechende Frage im Haushaltsfragebogen lautet: „Beschäftigen Sie in Ihrem Haushalt regelmäßig oder gelegentlich eine Putz- oder Haushaltshilfe?", wobei zwischen den Antworten „ja, gelegentlich", „ja, regelmäßig" und „nein" gewählt werden kann. Demnach beschäftigen hochgerechnet 4,36 von insgesamt 39,91 Millionen Haushalten oder knapp 11 Prozent der Haushalte in Deutschland eine Haushaltshilfe, darunter 2,67 Millionen regelmäßig und 1,69 Millionen gelegentlich.

Haushaltstypen

Werden die Haushalte nach Haushaltstyp disaggregiert, zeigt sich, dass die „familienunterstützenden" Dienstleistungen überwiegend nicht von Familien in

Nachfrager familienunterstützender Dienstleistungen nach Haushaltstyp

Tabelle 10

in Prozent

	Haushaltshilfe beschäftigt		Alle Haushalte
	gelegentlich	regelmäßig	
Alleinstehende	50	50	38
Männer über 60	10	13	5
Frauen über 60	27	26	13
Paare ohne Kinder	28	28	29
Alleinerziehende	2	4	5
Paare mit Kindern	19	17	25
1 Kind	8	7	12
2 Kinder	8	7	10
3 und mehr Kinder	3	3	3
Nachrichtlich:			
1 Kind unter 16	3	4	7
2 Kinder unter 16	5	6	6
3 und mehr Kinder unter 16	2	2	2

Rest zu 100: Mehrgenerationenhaushalte und Sonstige.
Quellen: SOEP; eigene Berechnungen

Anspruch genommen werden (Tabelle 10). Die größte Nachfragergruppe sind vielmehr alleinstehende Personen über 60 Jahre, die sowohl bei den gelegentlichen als auch den regelmäßigen Nachfragerhaushalten über 37 Prozent stellen. Demgegenüber beträgt ihr Anteil an allen Haushalten nur 28 Prozent, das heißt dieser Haushaltstyp nimmt Haushaltshilfen überproportional in Anspruch. Dagegen treten Einpersonenhaushalte mit Personen unter 60 Jahren unterdurchschnittlich häufig als Nachfrager in Erscheinung. Die zweitgrößte Nachfragergruppe sind Paare ohne Kinder. Ihr Anteil an den Nachfragern entspricht in etwa ihrem Anteil an allen Haushalten. Deutlich unterrepräsentiert als Nachfrager sind dagegen Paare mit Kindern, das heißt Familien im engeren Sinne. Sie machen zum Beispiel nur 17 Prozent der regelmäßigen Nachfrager aus, obwohl sie 25 Prozent aller Haushalte stellen. In besonders starkem Maße unterrepräsentiert sind Haushalte mit bis zu zwei Kindern. Bei Haushalten mit drei und mehr Kindern entspricht der Anteil der Haushalte mit Haushaltshilfen ungefähr dem Anteil der Haushalte insgesamt.

Bei den Paaren ohne Kinder, die Haushaltshilfen beschäftigen, dominieren Haushalte, in denen kein Mitglied erwerbstätig ist (Tabelle 11). Dabei handelt es sich vorwiegend um Rentnerhaushalte. Von den Paarhaushalten ohne Kinder, die gelegentlich eine Haushaltshilfe beschäftigen, sind sogar fast zwei Drittel Nichterwerbstätigenhaushalte. Dieser Anteil liegt über dem Anteil dieses Haushaltstyps an allen Haushalten. Mithin beschäftigen sie überproportional häufig Haushaltshilfen. Demgegenüber beschäftigen die Doppelverdienerhaushalte ohne Kinder entgegen der intuitiven Erwartung nicht in überproportionalem Umfang Haushaltshilfen. Ihr Anteil bei den Haushalten mit Haushaltshilfe liegt im Rahmen des Vergleichswertes aller Haushalte. Deutlich häufiger als im Durchschnitt aller Haushalte beschäftigen jedoch Doppelverdiener mit Kindern Haushaltshilfen. Bei den Alleinverdienern dominiert dagegen die häusliche Arbeitsteilung. Dabei muss jedoch berücksichtigt werden, dass Paar-

Paarhaushalte nach Zahl der Erwerbstätigen
in Prozent

Tabelle 11

	Haushaltshilfe beschäftigt		Alle Haushalte
	gelegentlich	regelmäßig	
Paare ohne Kinder	100	100	100
keine Erwerbstätigen	61	47	45
ein Erwerbstätiger	22	24	29
zwei Erwerbstätige	16	29	26
Paare mit Kindern	100	100	100
keine Erwerbstätigen	13	2	10
ein Erwerbstätiger	31	24	39
zwei Erwerbstätige	47	62	41
drei und mehr Erwerbstätige	8	11	11

Quellen: SOEP; eigene Berechnungen

haushalte mit Kindern nur jeden sechsten Haushalt stellen, der Haushaltshilfen beschäftigt. Das bedeutet, dass nur rund 10 Prozent der Haushalte, die regelmäßig eine Haushaltshilfe beschäftigen, Doppelverdiener-Paarhaushalte mit Kindern sind. Dieser Befund wird noch einmal unterstrichen von einer Betrachtung der Zahl der Kinder unter 16 Jahren. In 22 Prozent der Haushalte, die keine Haushaltshilfe beschäftigen, wohnen Kinder unter 16 Jahren. Bei den Haushalten, die gelegentlich oder regelmäßig eine Haushaltshilfe beschäftigen, sind es dagegen jeweils nur 14 Prozent. Haushalte mit kleinen Kindern beschäftigen also weniger häufig Haushaltshilfen als Haushalte ohne Kinder.

Haushaltsmerkmale

Die Frage, ob eine Haushaltshilfe beschäftigt wird, hängt einerseits vom Bedarf nach der entsprechenden Dienstleistung ab und andererseits von den Ressourcen, die dafür zur Verfügung stehen. Beides sind keine hinreichenden, aber notwendigen Bedingungen. Dass Familien seltener Haushaltshilfen in Anspruch nehmen, ist weniger eine Frage des fehlenden Bedarfs als vielmehr der fehlenden (finanziellen) Ressourcen. Der Median des Haushaltsnettoeinkommens von Haushalten, die gelegentlich Haushaltshilfen beschäftigen, liegt bei 2.240 Euro. Bei den Haushalten, die regelmäßig Haushaltshilfen in Anspruch nehmen, sind es sogar 2.750 Euro. Im Durchschnitt aller Haushalte liegt das Medianeinkommen nur bei 1.900 Euro. Wenig überraschend werden Haushaltshilfen also überwiegend von Haushalten mit hohen Einkommen in Anspruch genommen.

Aufschlussreicher als die Betrachtung des absoluten Haushaltsnettoeinkommens ist das Nettoäquivalenzeinkommen, welches das Nettoeinkommen durch das Äquivalenzgewicht des Haushalts teilt (Tabelle 12). Dadurch wird berücksichtigt, dass das Einkommen großer Haushalte von mehr Personen in Anspruch genommen wird als das kleinerer Haushalte. Haushaltsinterne Skalenerträge werden dabei im Rahmen der „neuen OECD-Skala" berücksichtigt (vgl. Abschnitt 2.1). Daraus geht hervor:

- Das Nettoäquivalenzeinkommen der Haushalte, die gelegentlich eine Haushaltshilfe beschäftigen, liegt bei 124 Prozent des Durchschnittseinkommens. Haushalte, die regelmäßig eine Haushaltshilfe in Anspruch nehmen, kommen auf 155 Prozent.

- Am häufigsten nehmen Einpersonenhaushalte mit Personen über 60 Jahren Haushaltshilfen in Anspruch, obwohl ihr Einkommen nur wenig über dem Durchschnitt liegt.

- Jüngere Alleinstehende, Alleinerziehende und Paare mit Kindern, die Haushaltshilfen beschäftigen, verfügen über ein deutlich höheres Einkommen als der Durchschnitt dieser Haushaltstypen.

- Paare mit höchstens zwei Kindern, die regelmäßig eine Haushaltshilfe beschäftigen, verfügen über das Doppelte des Einkommens von gleichartigen Haushalten insgesamt.

Somit dominiert bei der Hauptgruppe der Nachfrager von familienunterstützenden Dienstleistungen, den Einpersonen-Rentnerhaushalten, das Bedarfsmotiv. Sie nehmen solche Dienstleistungen in Anspruch, weil es erforderlich ist und weniger, weil es die finanziellen Ressourcen nahelegen würden. Bei den Paaren ohne Kinder dominiert dagegen das Motiv des „Sich-leisten-Könnens". Bei den Paaren mit Kindern ist es eine Mischung aus beiden Motiven. In Haushal-

Median des Nettoäquivalenzeinkommens

Tabelle 12

in Euro/Monat
(in Klammern: Anteil an allen Haushalten, in Prozent)

	Haushaltshilfe beschäftigt		Alle Haushalte
	gelegentlich	regelmäßig	
Alleinstehende unter 60	2.000 (0,5)	2.600 (0,7)	1.300 (20,5)
Alleinstehende ab 60	1.400 (1,6)	1.600 (2,6)	1.224 (17,9)
Paare ohne Kinder	2.080 (1,2)	2.800 (1,9)	1.533 (29,3)
Alleinerziehende	1.333 (0,1)	2.003 (0,2)	1.092 (5,3)
Paare mit Kindern			
1 Kind	2.222 (0,3)	3.000 (0,5)	1.430 (11,9)
2 Kinder	1.619 (0,4)	2.857 (0,5)	1.377 (10,0)
3 und mehr Kinder	2.235 (0,1)	1.859 (0,2)	1.310 (3,3)
Insgesamt	1.680 (4,2)	2.093 (6,7)	1.350 (100,0)

Rest zu 100: Mehrgenerationenhaushalte und Sonstige.
Quellen: SOEP; eigene Berechnungen

ten mit drei und mehr Kindern wird selbst dann noch eine Haushaltshilfe beschäftigt, wenn das Einkommen nicht stark überdurchschnittlich ist. Hier ist das Bedarfsmotiv ausschlaggebend. Bei Paarhaushalten mit bis zu zwei Kindern dagegen nehmen vor allem Haushalte mit sehr hohem Einkommen Haushaltshilfen in Anspruch. Andere decken den Bedarf zum Beispiel durch haushaltsinterne Arbeitsteilung ab.

Da die Wohnsituation mit dem Einkommen korreliert, ist es keine Überraschung, dass Haushalte mit Haushaltshilfen im Durchschnitt über größere Wohnungen verfügen als die Haushalte insgesamt. Während der Median der Wohnungsgröße für alle Haushalte bei 82 Quadratmetern liegt, sind es bei den Haushalten, die regelmäßig Haushaltshilfen beschäftigen, 110 Quadratmeter. Der Befund gilt für alle Haushaltstypen mit Ausnahme der Einpersonenhaushalte von Personen über 60 Jahre, die nicht über wesentlich größere Wohnungen, aber auch nicht über wesentlich höhere Einkommen verfügen als der Durchschnitt. Deutlichen Einfluss auf die Beschäftigung einer Haushaltshilfe hat die Existenz einer pflegebedürftigen Person im Haushalt. Von den Haushalten, die regelmäßig eine Haushaltshilfe beschäftigen, trifft dies auf 16 Prozent zu. Von den Haushalten, die keine Haushaltshilfe beschäftigen, sind es nur 3 Prozent.

Merkmale von Haushaltsmitgliedern

Humankapitalrelevante Variablen sind stark mit dem Einkommen korreliert. Insofern ist zu erwarten, dass Mitglieder von Haushalten, die eine Haushaltshilfe beschäftigen, ein höheres Qualifikationsniveau vorweisen als solche ohne Haushaltshilfe. Denn wie bereits im Vorfeld gezeigt werden konnte, besteht zwischen Nutzern und Nicht-Nutzern von Haushaltshilfen in vielen Fällen ein Einkommensunterschied. Tatsächlich gibt es in 49 Prozent der Haushalte, die regelmäßig eine Haushaltshilfe beschäftigen, mindestens einen Akademiker. Der Vergleichswert für alle Haushalte beträgt nur rund 24 Prozent. Auch die Haushalte, die gelegentlich Haushaltshilfen beschäftigen, haben zu 31 Prozent ein Haushaltsmitglied mit tertiärem Bildungshintergrund. Eine Ausdifferenzierung nach Haushaltstyp zeigt, dass der Anteil der Akademikerhaushalte bei den Haushalten mit Haushaltshilfe durchweg um ein Vielfaches höher ist als der Akademikeranteil bei Haushalten ohne Haushaltshilfe (Tabelle 13). Eine – allerdings quantitativ bedeutsame – Ausnahme machen die Einpersonen-Rentnerhaushalte, bei denen sich die Akademikeranteile kaum unterscheiden. Insbesondere Haushaltstypen, die von vergleichsweise geringen Äquivalenzeinkommen gekennzeichnet sind (Alleinerziehende, Paare mit vielen Kindern), weisen hohe Akademikeranteile auf. Hier ist eine Haushaltshilfe nur mit einem hohen individuellen

Anteil der Haushalte mit mindestens einem Akademiker

Tabelle 13

in Prozent

	Haushaltshilfe beschäftigt	
	ja	nein
Alleinstehende unter 60	43	20
Alleinstehende ab 60	16	12
Paare ohne Kinder	57	27
Alleinerziehende	65	14
Paare mit Kindern		
1 Kind	69	27
2 Kinder	66	27
3 und mehr Kinder	81	27
Insgesamt	42	22

Quellen: SOEP; eigene Berechnungen

Einkommen finanzierbar, was wiederum in den meisten Fällen nur mit einer akademischen Ausbildung erzielt werden kann.

Abschließend wird analog zur Struktur der Haushaltstypen, der Erwerbsneigung und der Qualifikation der Umfang der Erwerbstätigkeit untersucht, um eine Taxonomie der Nachfrager familienunterstützender Dienstleistungen ableiten zu können. Werden die durchschnittlichen Arbeitszeiten der Haushaltsmitglieder addiert, fallen im Wesentlichen zwei Dinge auf: Erstens hat die Arbeitszeit der Einpersonenhaushalte von Personen über 60 Jahre keinen Einfluss auf die Nachfrage nach Haushaltshilfen und bei den Paarhaushalten ohne Kinder ist nur eine geringe Auswirkung festzustellen (Tabelle 14). Dies dürfte in erster Linie daran liegen, dass es sich zu einem großen Teil um Rentnerhaushalte handelt. Zwei Drittel der Haushalte mit Haushaltshilfen gehören zu den Einpersonenhaushalten mit Personen ab 60 Jahren beziehungsweise den Paarhaushalten ohne Kinder. Zweitens arbeiten Alleinerziehende und Paare mit Kindern deutlich länger, wenn eine Haushaltshilfe beschäftigt wird. Hier liegt die Arbeitszeit bis zu 38 Prozent höher als ohne Haushaltshilfe. Auf die Arbeitszeit der Haushalte, die erwerbstätig sind, hat das Vorhandensein einer Haushaltshilfe also einen erheblichen Einfluss – auch bei den Paarhaushalten ohne Kinder. Werden nur Haushalte betrachtet, in denen mindestens eine Person erwerbstätig ist, dann weisen die Haushalte mit Haushaltshilfen

Durchschnittliche Arbeitszeit der Haushalte

Tabelle 14

in Stunden/Woche*

	Haushaltshilfe beschäftigt	
	ja	nein
Alleinstehende unter 60	36	31
Alleinstehende ab 60	2	2
Paare ohne Kinder	29	31
Alleinerziehende	36	26
Paare mit Kindern		
1 Kind	64	51
2 Kinder	67	57
3 und mehr Kinder	75	55
Insgesamt	27	32

* Arithmetisches Mittel.
Quellen: SOEP; eigene Berechnungen

durchweg längere Arbeitszeiten auf. Ausnahme bleiben jedoch die Einpersonenhaushalte mit älteren Erwerbstätigen, die trotz Haushaltshilfe ihr Arbeitsangebot nicht ausdehnen (Tabelle 15). Unklar ist indes, welche Kausalität zugrundeliegt. Zwar sind in vielen Haushalten Haushaltshilfen notwendig, um die Arbeitszeiten ausdehnen zu können, es ist aber auch ein gewisser Umfang der Erwerbstätigkeit erforderlich, um die für die Beschäftigung einer Haushaltshilfe notwendigen finanziellen Ressourcen aufzubringen.

Durchschnittliche Arbeitszeit der Haushalte mit Erwerbstätigen

Tabelle 15

in Stunden/Woche*

	Haushaltshilfe beschäftigt	
	ja	nein
Alleinstehende unter 60	41	39
Alleinstehende ab 60	28	28
Paare ohne Kinder	62	55
Alleinerziehende	48	38
Paare mit Kindern		
1 Kind	66	58
2 Kinder	77	61
3 und mehr Kinder	78	61
Insgesamt	58	51

* Arithmetisches Mittel.
Quellen: SOEP; eigene Berechnungen

Als Taxonomie der Nachfrager familienunterstützender Dienstleistungen ergibt sich vor dem Hintergrund der empirischen Befunde folgendes Bild von typischen Nachfragern:

- Alleinstehende und in Paarhaushalten lebende Ältere. In diesen Haushalten sind Haushaltshilfen zur Bewältigung des Alltags erforderlich, ihre Beschäftigung steht aber nicht im engen Zusammenhang mit der Erwerbstätigkeit und dem Einkommen der Haushaltsmitglieder.
- Paarhaushalte mit Kindern, in denen mehr als eine Person erwerbstätig ist. Diese Haushalte verfügen über ein sehr hohes Einkommen, sind überwiegend akademisch gebildet und weisen lange Arbeitszeiten auf.
- Paarhaushalte ohne Kinder mit vergleichsweise hohem Einkommen.

Regressionsmodell

Eine binär logistische Regression kann die dominierende Rolle des Haushaltstyps unterstreichen. Berechnet wurde ein Modell, das die Wahrscheinlichkeit, eine Haushaltshilfe zu beschäftigen, in Abhängigkeit der Variablen Wohnungsgröße, Äquivalenzeinkommen,[1] Vorhandensein einer pflegebedürftigen Person

---

[1] Da die Odds Ratio einer logistischen Regression die Änderung der Wahrscheinlichkeit für eine Änderung der unabhängigen Variablen um eine Einheit misst, wurde die Einkommensvariable, die als Euro im Monat skaliert ist, durch 100 dividiert. Die so errechnete Odds Ratio misst dann die Änderung der Wahrscheinlichkeit für eine Änderung des monatlichen Nettoäquivalenzeinkommens um 100 Euro. Analog dazu wurde die Größe der Wohnung in Quadratmetern durch 10 dividiert.

und Haushaltstyp schätzt (Tabelle 16). Der Erklärungsgehalt der Prädiktoren ist nur mäßig, aber die Faktoren sind signifikant und weisen die erwarteten Vorzeichen auf. Demgemäß ist die Chance, eine Haushaltshilfe zu beschäftigen, 5,9-mal so groß, wenn eine pflegebedürftige Person im Haushalt lebt. Beim Haushaltstyp weist gegenüber der Referenzkategorie „Alleinstehende unter 60 Jahren" der Typ „Alleinstehende ab 60 Jahre" eine 4,6-mal so große Chance auf, eine Haushaltshilfe zu beschäftigen. Gegenüber dem Referenzwert haben alle anderen Haushaltstypen – vor allem Paare mit Kindern – eine niedrigere Wahrscheinlichkeit. So weisen Paare mit einem Kind gegenüber Alleinstehenden unter 60 Jahren ein halb so hohes Chancenverhältnis der Beschäftigung einer Haushaltshilfe auf, wenn alle anderen Faktoren konstant gehalten werden. Bei Paaren mit zwei Kindern ist der Effekt auf das Chancenverhältnis mit 0,6 kaum höher. Bei Alleinerziehenden, Paaren ohne Kinder und Paaren mit drei Kindern ist der Unterschied hingegen nicht signifikant.

Bemerkenswert ist der relativ geringe Einfluss des Einkommens. Eine Erhöhung des Nettoäquivalenzeinkommens um 100 Euro erhöht erwartungsgemäß die Chance, dass eine Haushaltshilfe beschäftigt wird. Der Unterschied ist statistisch signifikant, fällt aber recht gering aus. So steigt die Chance der Beschäftigung einer Haushaltshilfe nur um knapp 5 Prozent. Auch der Einfluss der Wohnungsgröße ist überschaubar. Als wesentliches Ergebnis der induktiven Analyse kann

Ergebnisse der binären logistischen Regression — Tabelle 16

Faktor	Parameter-schätzer	Signifikanz der Wald-Statistik	Odds Ratio
Pflegebedürftiges Haushaltsmitglied	1,773	0,000	5,887
Haushaltstyp*			
Alleinstehende ab 60 Jahre	1,527	0,000	4,606
Paare ohne Kinder	–0,073	0,506	0,929
Alleinerziehende	–0,219	0,268	0,804
Paare mit 1 Kind	–0,668	0,000	0,513
Paare mit 2 Kindern	–0,486	0,001	0,615
Paare mit 3 Kindern	–0,350	0,085	0,705
Sonstige	–1,145	0,000	0,318
Nettoäquivalenzeinkommen/100	0,048	0,000	1,049
Wohnungsgröße in qm/10	0,126	0,000	1,134
Konstante	–4,569	0,000	0,010

n = 12.342; –2 Log-Likelihood: 7.064,2; Pseudo-r^2 nach Nagelkerke: 0,234; * Referenz: Alleinstehende unter 60 Jahren.
Quellen: SOEP; eigene Berechnungen

daher festgehalten werden, dass sozioökonomische Faktoren bei der Beschäftigung von Haushaltshilfen eine eher geringe Rolle spielen. Entscheidend sind – unter den gegebenen Bedingungen – Pflegebedürftigkeit und Alter der Haushaltsmitglieder. Das würde darauf hindeuten, dass das Bedarfsmotiv bei der Frage, ob eine Haushaltshilfe beschäftigt wird oder nicht, dominiert.

2.3 Besonderheiten des Marktes: Schwarzarbeit weit verbreitet

Schwarzarbeit – insbesondere in Privathaushalten – wird oftmals als legitim angesehen, obwohl sie laut Gesetz illegal ist. Im Gesetz zur Bekämpfung der Schwarzarbeit und illegalen Beschäftigung (§ 1) werden in Deutschland folgende Tätigkeiten gemäß der juristischen Abgrenzung als Schwarzarbeit bezeichnet: „Schwarzarbeit leistet, wer Dienst- oder Werkleistungen erbringt oder ausführen lässt und dabei

- als Arbeitgeber, Unternehmer oder versicherungspflichtiger Selbstständiger seine sich aufgrund der Dienst- oder Werkleistungen ergebenden sozialversicherungsrechtlichen Melde-, Beitrags- oder Aufzeichnungspflichten nicht erfüllt,
- als Steuerpflichtiger seine sich aufgrund der Dienst- oder Werkleistungen ergebenden steuerlichen Pflichten nicht erfüllt,
- als Empfänger von Sozialleistungen seine sich aufgrund der Dienst- oder Werkleistungen ergebenden Mitteilungspflichten gegenüber Sozialleistungsträgern nicht erfüllt,
- als Erbringer von Dienst- oder Werkleistungen seiner sich daraus ergebenden Verpflichtung zur Anzeige vom Beginn des selbstständigen Betriebs eines stehenden Gewerbes (§ 14 der Gewerbeordnung) nicht nachgekommen ist oder die erforderliche Reisegewerbekarte (§ 55) nicht erworben hat,
- ein zulassungspflichtiges Handwerk als stehendes Gewerbe selbstständig betreibt, ohne in der Handwerksrolle eingetragen zu sein (§ 1 der Handwerksordnung)."

Ausdrücklich ausgeschlossen davon sind allerdings nicht nachhaltig auf Gewinn gerichtete Dienst- und Werkleistungen von Angehörigen, Lebenspartnern, aus Gefälligkeit, im Wege der Nachbarschaftshilfe oder im Wege der Selbsthilfe am Bau im Sinne des Zweiten Wohnungsbaugesetzes oder des Wohnraumförderungsgesetzes. Zahlreiche Tätigkeiten in Privathaushalten fallen in diese Kategorie – wie zum Beispiel die gelegentliche Nachhilfestunde eines Oberstufenschülers oder die Hilfe beim Rasenmähen durch einen Nachbarsjungen – und sind deshalb dem informellen Sektor und nicht der Schattenwirtschaft zuzuordnen (Enste, 2007).

Die Ergebnisse einer repräsentativen Bevölkerungsumfrage von 1.018 Personen ab 18 Jahren durch TNS Emnid im Januar 2007 liefern Hinweise auf den Umfang der Schwarzarbeit in Privathaushalten. Selbst unter Berücksichtigung der Tatsache, dass Umfragedaten mit einigen Unsicherheiten und Ungenauigkeiten behaftet sind, bietet diese Face-to-Face-Befragung, bei der die Anonymität bei der Beantwortung der sensiblen Fragen durch das Umdrehen des Laptops zu den Befragten zusätzlich signalisiert und optimiert wurde, eine gute und aktuelle Datenbasis für die Analyse des Schwarzmarktes.

Gemäß der im Auftrag des Instituts der deutschen Wirtschaft Köln durchgeführten Umfrage hat in Deutschland jeder Fünfte ab 18 Jahren nach eigenen Angaben in den letzten zwölf Monaten selbst schwarzgearbeitet. Umgerechnet haben somit rund 13 Millionen Personen im Jahr 2006 nebenbei Schwarzarbeit geleistet und dies durchschnittlich sechs Stunden und 25 Minuten pro Woche. Die Männer (25 Prozent) hatten dabei weniger Skrupel, gegen Gesetze zu verstoßen, als die Frauen (16 Prozent). In den letzten zwölf Monaten hat fast jeder Dritte Arbeiten ohne Rechnung vergeben, wobei die Frauen (26,5 Prozent) auch hier ehrlicher als die Männer (35,4 Prozent) waren. Ein Rechtfertigungsgrund ist – ganz im Sinne der Theorie sozialer Vergleichsprozesse (Festinger, 1954) –, dass die Nachbarn es auch tun. Drei Viertel stimmen der Aussage zu: „Meine Nachbarn vergeben Arbeiten ohne Rechnung." 14 Prozent sind sogar der Ansicht, dass jeder Nachbar schon mal hat schwarzarbeiten lassen. Zwei Drittel der Befragten sind der Überzeugung, dass ihre Nachbarn selbst schwarzarbeiten und gut 12 Prozent meinen, dass zumindest sieben von zehn Nachbarn schon mal selbst schwarzgearbeitet haben.

In multiplen Regressionen ist die soziale Norm, die mit dieser Frage approximativ erfasst werden sollte, der stärkste Erklärungsfaktor. Das heißt, die breite gesellschaftliche Akzeptanz von Schwarzarbeit ist ein wesentlicher Treiber für das eigene deviante Verhalten. Die breite Akzeptanz bestätigt die jüngste Allensbach-Umfrage „Moral 2007": Nur jeder Vierte sagt, Schwarzarbeit sei ein Verhalten, das unter keinen Umständen zu billigen ist (Allensbach, 2007). Steuerhinterziehung lehnt hingegen jeder Zweite ab, Sozialbetrug und Korruption ächten sogar 70 Prozent. Laut der TNS-Emnid-Umfrage im Auftrag des Instituts der deutschen Wirtschaft Köln würden aber nur 3,6 Prozent der Bevölkerung ab 18 Jahren einen Schwarzarbeiter anzeigen und für 25 Prozent ist Schwarzarbeit ein Kavaliersdelikt.

Wie Abbildung 4 zeigt, sind besonders haushaltsnahe Dienstleistungen von Schwarzarbeit betroffen (44,4 Prozent). Neben der Hausarbeit (15,8 Prozent) gehören hier im weiteren Sinne auch Schönheitspflege/Frisieren (12,2 Prozent) sowie Nachhilfe/Kinderbetreuung (12,1 Prozent) und die Kranken- und Altenpflege (4,3 Prozent) zu den haushaltsnahen Dienstleistungen. Generell werden handwerkliche, arbeitsintensive Dienstleistungen am und im Haus am häufigsten an der Steuer vorbei erledigt. Aber auch Serviceleistungen rund um das Auto oder im Hotel- und Gastronomiesektor sind häufig von der Schwarzarbeit betroffen. Weniger anfällig sind Industrie und Handel.

Schwarzarbeit in Deutschland nach Branchen

Abbildung 4

im Jahr 2006, in Prozent

▲ Arbeiten im und am Haus (Hausbau)
▲ Hausarbeit
▲ Kfz-Reparatur
▲ Gastronomie, Hotelgewerbe
▲ Frisieren, Schönheitspflege
▲ Nachhilfe, Kinderbetreuung
▲ Unterhaltungs-, Vergnügungsbranche
▲ Kranken-, Altenpflege
▲ Gehobene Dienstleistungen, Beratung
▲ Industrie
▲ Supermarkt, Einzelhandel

Quelle: Eigene Berechnungen in Anlehnung an TNS Emnid, 2007

Die rund 13 Millionen Bundesbürger, die sich etwas nebenher schwarz hinzuverdienen, erwirtschaften zwischen 135 und 158 Milliarden Euro, dies sind umgerechnet rund 6 bis 7 Prozent des BIP. Das entspricht wiederum bis zu 2,8 Millionen Vollzeitstellen (Tabelle 17). Wie viele dieser Arbeitsplätze durch Strafen, Kontrollen und die Überprüfung der Einhaltung formeller Regeln und Institutionen sich in die offizielle Wirtschaft verlagern ließen, lässt sich nur schätzen. In Umfragen haben in skandinavischen Ländern (vgl. Feld/Larsen, 2005) knapp ein Drittel der Befragten gesagt, dass sie die Arbeiten offiziell vergeben würden, wenn es keinerlei Schwarzarbeit mehr gäbe. In Deutschland gilt dies sogar nur für knapp ein Viertel (22 Prozent) der schwarz beauftragten Arbeiten. Fast die Hälfte der Arbeiten (48 Prozent) würden nicht mehr ausgeführt werden, wenn es keine Schattenwirtschaft mehr gäbe, sodass die gesamte Wertschöpfung aus offizieller und inoffizieller Arbeit zurückgehen würde. Knapp ein Drittel der Arbeiten (30 Prozent) würde gemäß der Bevölkerungsumfrage in Eigenarbeit statt schwarz erledigt. Von den knapp drei Millionen Vollzeitarbeitsplätzen könnten somit maximal bis zu einer Million legalisiert werden. Eine erfolgreiche Legalisierung der rund eine Million Arbeitsplätze würde bis zu 5 Milliarden Euro zusätzliche Lohn- und Einkommensteuereinnahmen sowie weitere 12 Milliarden Euro Sozialversicherungsbeiträge pro Jahr bedeuten.

Umfang und Auswirkungen der Schwarzarbeit in Deutschland

Tabelle 17

Umfrageergebnisse für das Jahr 2007	
Wertschöpfung	135 bis 158 Milliarden Euro
Gemessen am Bruttoinlandsprodukt	6 bis 7 Prozent
In Vollzeitäquivalenten (bei einer Wertschöpfung je Beschäftigten von 57.000 Euro)	2,4 bis 2,8 Millionen Jobs
Davon gemäß Umfragen rund 1/4 bis 1/3 legalisierbar	800.000 bis 1 Million Jobs
Lohn-/Einkommensteuermehreinnahmen (circa 5.000 Euro je Vollzeitäquivalent – vgl. BMG, 2002)	4 bis 5 Milliarden Euro
Zusätzliche Sozialversicherungsbeiträge (circa 12.000 Euro je Vollzeitäquivalent – vgl. BMG, 2002)	9,6 bis 12 Milliarden Euro

Quelle: Eigene Berechnungen auf Basis einer Bevölkerungsumfrage (1.018 Personen ab 18 Jahre) im Januar 2007 durch TNS Emnid

Einen großen Beitrag könnte die Verringerung der Schwarzarbeit im Bereich der haushaltsnahen und familienunterstützenden Dienstleistungen dazu leisten. Eine entsprechende Potenzialabschätzung wird in Abschnitt 3.4 vorgenommen.

2.4 Zusammenfassender Überblick

Die Auswertung des sozio-oekonomischen Panels hat das Profil von typischen Anbietern und Nachfragern von familienunterstützenden Dienstleistungen herausgearbeitet. Über drei Viertel der Dienstleister im Bereich der Familienunterstützung sind weiblich. Die Frauen sind in der Regel verheiratet, wenngleich der Anteil an Geschiedenen und Alleinerziehenden höher ist als in anderen Berufen. Wird die Dienstleistung im Haupterwerb ausgeübt, so sind die Anbieter älter als in anderen Berufen und haben zu fast zwei Dritteln Kinder. Geringfügige Beschäftigung kommt bei den familienunterstützenden Dienstleistungen dreimal so häufig vor wie in anderen Berufen, und die durchschnittliche Wochenarbeitszeit ist deutlich kürzer. Die fachliche Qualifikation der Dienstleister ist unterdurchschnittlich, was die These stützt, dass familienunterstützende Dienstleistungen einen Arbeitsmarkt für Geringqualifizierte darstellen. Allerdings stellen viele familienunterstützende Dienstleistungen neben den geringen fachlichen Anforderungen höhere Anforderungen an die Sozialkompetenz und die körperliche Belastbarkeit der Dienstleister. Das verfügbare Einkommen der Dienstleistungsanbieter liegt deutlich unter dem Durchschnitt aller Berufe. Ein anderes Bild zeigt sich hingegen, wenn die Dienstleistungen nur im Nebenerwerb angeboten werden. Hier sind die Anbieter jünger und leben nur zur Hälfte mit Kindern zusammen. Es finden sich höhere Anteile an Hochqualifizierten als im Haupterwerb, was für die Eignung dieser Dienste als Job zur Finanzierung des sonstigen

Lebensunterhalts, etwa bei Studierenden, spricht. Die Einkommensstruktur weicht in diesem Zusammenhang nicht von der in anderen Berufen ab.

In Anspruch genommen werden familienunterstützende Dienstleistungen überwiegend von Senioren. Insbesondere alleinstehende Senioren oder Haushalte mit Pflegebedarf verlassen sich auf die Hilfe professioneller Dienstleister. Familien sind hingegen unterrepräsentiert. Sie nehmen selten Hilfe in Anspruch und in der Regel nur dann, wenn mehr als zwei Kinder im Haushalt leben oder wenn in Familien beide Elternteile erwerbstätig sind. Das Haushaltseinkommen spielt eine maßgebliche Rolle bei der Entscheidung für die Inanspruchnahme der Dienstleistung. Haushalte mit Dienstleistern haben erheblich mehr Einkommen zur Verfügung als Haushalte ohne Hilfe, sie sind auch deutlich häufiger akademisch gebildet. Die bessere ökonomische Situation ist insbesondere für Paare ohne Kinder und für Paare mit bis zu zwei Kindern ausschlaggebend bei der Entscheidung für die Beschäftigung eines Dienstleisters. Bei Familien mit mehreren Kindern und Seniorenhaushalten überwiegt hingegen das Bedarfsmotiv, sodass Hilfe auch bei geringerem Haushaltseinkommen in Anspruch genommen wird.

Der Markt für familienunterstützende Dienstleistungen fällt durch einen besonders hohen Anteil an nicht gemeldeter Beschäftigung auf. Wenngleich genaue Zahlen zum Umfang von Schwarzarbeit naturgemäß nicht vorliegen, kommen Schätzungen aufgrund von anonymisierten Umfragen zu dem Ergebnis, dass jeder fünfte Erwachsene in den vergangenen zwölf Monaten Schwarzarbeit geleistet und rund ein Drittel der Befragten Arbeiten ohne Rechnung vergeben hat. Haushaltsnahe Dienstleistungen machen dabei mit 45 Prozent den größten Anteil aus. Die meisten Befragten haben kein besonderes Unrechtsbewusstsein, weil sich ihr Umfeld ebenso verhält und Aufträge schwarz vergibt oder ausführt. Die hohe Akzeptanz von Schwarzarbeit behindert die Entwicklung eines qualitativ höherwertigen Marktes für haushaltsnahe Dienstleistungen und verzerrt die Anreizstrukturen der Marktteilnehmer, wie im Folgenden gezeigt wird.

3 Anreizstrukturen, Beschäftigungsformen und Potenziale

3.1 Anreizstrukturen aus Sicht von Anbietern und Nachfragern

Die grundsätzliche Bereitschaft, professionelle Hilfe im Haushalt anzunehmen, hängt neben dem akuten Bedarf und der Finanzierbarkeit auch von den Werteeinstellungen des Haushalts ab. In Deutschland haben viele Haushalte Vorbehalte, sich bei der Hausarbeit helfen zu lassen (Geissler, 2002). Zum einen werden familienunterstützende Dienstleistungen unabhängig vom konkreten Preis als Luxus angesehen, den man sich nicht leistet, oder es bestehen Vorbehalte, die eigene Unordnung von anderen aufräumen zu lassen. Haushalte mit dieser Wertehaltung werden auch bei geringen Kosten keine Hilfe in Anspruch nehmen. So zeigen 60 Prozent der Bevölkerung unabhängig vom Preis der Dienstleistung keine Bereitschaft, eine Haushaltshilfe in Anspruch zu nehmen (Allensbach, 2008, 4). 15 Prozent der Befragten gaben an, dass sie gerne Hilfe bei haushaltsnahen Tätigkeiten in Anspruch nehmen würden, es aber bisher nicht getan haben. Weitere 9 Prozent haben momentan keine Hilfe, wären aber künftig wieder an einer Hilfe interessiert.

Demgegenüber nehmen derzeit 11 Prozent der Befragten und damit hochgerechnet 4,5 Millionen Haushalte eine Hilfe in Anspruch. Diese Zahl liegt sogar etwas höher als die aus den SOEP-Daten ermittelte (vier Millionen). Überwiegend wird die Hilfe für Putzarbeiten, Gartenarbeiten und Bügeln in Anspruch genommen. Die Umfrage bestätigt das aus dem Sozio-oekonomischen Panel ermittelte Profil der Nachfrager: Die meisten Haushalte, die eine Hilfe in Anspruch nehmen, sind mit 53 Prozent Seniorenhaushalte ab 60 Jahre. Haushalte mit einer berufstätigen Frau nehmen zu 35 Prozent und Haushalte ohne eine berufstätige Frau nur zu 12 Prozent eine Hilfe in Anspruch. Der Bedarf an Vollzeitbeschäftigten ist in Privathaushalten sehr gering: Nur 7 Prozent der Nutzer in West- und 4 Prozent in Ostdeutschland leisten sich eine Hilfe für länger als zehn Stunden pro Woche. Über ein Drittel fragt nur sehr sporadisch Hilfe nach und ein weiteres Drittel nimmt die Hilfe bis zu drei Stunden pro Woche in Anspruch. Der Durchschnittswert der Inanspruchnahme beträgt 4,7 Stunden je Woche.

Interessant ist der Vergleich der Wünsche von

Nachfrage nach haushaltsnahen Dienstleistungen
Abbildung 5
in Prozent

Haushaltshilfe (regelmäßig) ■ Haushaltshilfe (gelegentlich)
■ Insgesamt

Haushalte mit Kindern unter 16 Jahren   Haushalte ohne Kinder

Quellen: SOEP; eigene Berechnungen

Eltern und die tatsächliche Inanspruchnahme einer Hilfe: 43 Prozent der Eltern könnten Hilfe im Haushalt gebrauchen gegenüber 33 Prozent der kinderlosen Haushalte (Allensbach, 2008, 4). Nur 6 Prozent der Familien beschäftigen aber tatsächlich eine Haushaltshilfe gegenüber 11 Prozent der Haushalte ohne Kinder (Abbildung 5). Dies dokumentiert, dass der Bedarf an Hilfe in Haushalten mit Kindern zwar deutlich ausgeprägter ist als der in anderen Haushalten, die Hilfe aber nicht in Anspruch genommen wird. Zum einen dürfte dies an der finanziell oft engen Situation von jungen Familien liegen, zum anderen gehen nur wenige Mütter mit jüngeren Kindern einer Vollzeitbeschäftigung nach, sodass ihnen in der familiären Arbeitsteilung die Pflege der Wohnräume zufällt.

Anreizstrukturen aus Sicht der Nachfrager

Ein Haushalt, der sich grundsätzlich für die Inanspruchnahme professioneller Hilfe entscheidet, wird zunächst den Umfang des Hilfebedarfs und die Finanzierbarkeit klären. Dabei sprechen die erheblichen Preisunterschiede zwischen Schwarzarbeitern und legalen Anbietern für eine illegale Beschäftigung. Diese wird durch den Umstand begünstigt, dass Kontrollen im Privathaushalt aufgrund des Schutzes der Privatsphäre sehr selten sind und im Falle einer Aufdeckung lediglich eine Ordnungswidrigkeit und keine Straftat geahndet wird. Nur Personen, die es sich in ihrem sozialen und beruflichen Umfeld nicht leisten können, als Arbeitgeber von Schwarzarbeitern enttarnt zu werden, entscheiden sich in jedem Fall für eine legale Beschäftigung. Allerdings können die seit 2006 bestehenden Möglichkeiten der steuerlichen Absetzbarkeit von haushaltsnahen Dienstleistungen (siehe Abschnitt 1.5) nur in Anspruch genommen werden, wenn die Anstellung gemeldet wird. Es besteht daher ein hoher Anreiz, die Hilfe zumindest bis zur steuerlichen Absetzbarkeitsgrenze legal zu beschäftigen.

Ein weiterer wichtiger Grund für eine legale Beschäftigung ist auch die Absicherung bei Unfällen durch die Unfallversicherung. Für einige Haushalte wird die Vertrauenswürdigkeit des Anbieters ein entscheidendes Kriterium sein, da sie ihm Zugang zum privaten Bereich gewähren. Dies betrifft in besonderem Maße ältere oder pflegebedürftige Personen. Legale Anbieter sind in der Regel besser kontrollierbar und somit vertrauenswürdiger als Schwarzarbeiter, insbesondere wenn eine Dienstleistungsagentur für die Hilfe bürgt. Für viele Haushalte wird jedoch auch die Empfehlung eines Bekannten als Vertrauensbasis ausreichen, sodass Schwarzarbeit nicht per se aus diesem Grund abgelehnt wird. Das Gleiche gilt für die Zuverlässigkeit, mit der die Dienste erbracht werden. Letztlich kann auch der bürokratische Aufwand, der mit der Beschäftigung einer Hilfe zusammenhängt, die Haushalte von der Realisierung ihrer Nachfragewünsche abhalten.

Anreize für eine legale oder illegale Hilfe aus Nachfragersicht

Tabelle 18

	Legale Beschäftigung	Schwarzarbeit
Generelle Vorbehalte	0	0
Finanzierbarkeit	– – –	+ + +
Steuerliche Absetzbarkeit	+	–
Bürokratischer Aufwand	–	+
Zeitaufwand für Suche und Einarbeitung	–	–
Vertrauensproblematik	+	0
Zuverlässigkeit	+	0
Absicherung bei Unfällen	++	– – –
Rufschädigung durch Schwarzarbeit	+	–
Strafbarkeit	+	–

+ = positiver Anreiz; 0 = neutral; – = negativer Anreiz.
Eigene Zusammenstellung

Er unterscheidet sich je nach Beschäftigungsform. So ist etwa der Aufwand für die Inanspruchnahme eines Minijobbers oder der Dienste einer Agentur eher gering, bei der sozialversicherungspflichtigen Haushaltshilfe übernimmt der Haushalt hingegen Arbeitgeberpflichten und muss sich entsprechend informieren. Bei Schwarzarbeit entstehen keinerlei bürokratische Kosten.

Tabelle 18 fasst die Vor- und Nachteile von legaler Beschäftigung versus Schwarzarbeit aus Haushaltssicht zusammen. Die genannten Entscheidungskriterien werden danach bewertet, ob sie positiv (+) oder negativ (–) auf die Entscheidung für die jeweilige Beschäftigungsform einwirken oder neutral (0) sind. Dabei zeigt sich, dass auch bei einer hohen Gewichtung der Preisdifferenzen zwischen legaler und illegaler Arbeit einiges für eine legale Beschäftigungsform spricht.

Der hohe Anteil an Schwarzarbeit auf dem Markt für familienunterstützende Dienstleistungen ist daher zunächst nicht durch das Nachfrageverhalten der Haushalte zu erklären. Die Haushalte haben ein nachweisbares Interesse an legaler Beschäftigung. Die Wahl der legalen Beschäftigungsform wird vor allem vom gewünschten Umfang abhängen. Eine sozialversicherungspflichtige Haushaltshilfe kommt nur infrage, wenn eine entsprechend hohe Stundenzahl in Anspruch genommen wird. Zwischen Selbstständigen und Minijobbern besteht aus Haushaltssicht kein Unterschied. Eine Dienstleistungsagentur bietet demgegenüber als Ansprechpartner Vorteile, da sie im Konfliktfall vermittelnd eingreifen kann und die Qualität der Dienstleistung sowie die Vertrauenswürdigkeit des Angestellten garantiert. Das Zustandekommen eines legalen Vertrags hängt jedoch neben der Entscheidung der Haushalte zur Inanspruchnahme einer Hilfe entscheidend vom Angebot der Dienstleister ab. Fast drei Viertel der Haushalte beklagen, dass es sehr schwer ist, eine geeignete Haushaltshilfe zu finden (Allensbach, 2008, 10).

Anreizstrukturen aus Sicht der Anbieter

Aus Sicht der Anbieter familienunterstützender Dienstleistungen hängt die grundsätzliche Entscheidung für eine Tätigkeit von extrinsischen oder intrinsischen Motivatoren ab (Heckhausen/Heckhausen, 2006, 5). Zu den extrinsischen Motivatoren zählen vor allem monetäre Belohnungen und mit der Tätigkeit verbundenes soziales Ansehen. Eine intrinsische Motivation gründet sich auf Freude an der Arbeit selbst, Stolz auf die eigene Leistung oder den Gewinn an sozialen Kontakten und die Einbettung in ein soziales Umfeld. Nach der in Abschnitt 1.2 vorgenommenen Klassifikation können den familienunterstützenden Dienstleistungen verschiedene Anreizmotive für die potenziellen Dienstleister zugeordnet werden:

- Gruppe I = Arbeiten mit niedriger Anforderung an fachliche Qualifikation und Sozialkompetenz: monetäre Interessen;
- Gruppe II = Arbeiten mit niedriger Anforderung an fachliche Qualifikation und mittlerer Anforderung an die Sozialkompetenz: monetäre Interessen;
- Gruppe III = Arbeiten mit mittlerer Anforderung an fachliche Qualifikation und mittlerer Anforderung an die Sozialkompetenz: monetäre Interessen und Freude an eigentlicher Tätigkeit;
- Gruppe IV = Arbeiten mit mittlerer Anforderung an fachliche Qualifikation und hoher Anforderung an die Sozialkompetenz: monetäre Interessen und soziale Anerkennung durch Hilfeleistung, intrinsische Motivation durch Freude an eigentlicher Arbeit, Sozialkontakte und gesteigertes Selbstwertgefühl durch Hilfeleistung.

Bei rein monetärer Motivation werden die Anbieter für körperlich anstrengendere Arbeiten höhere Preise fordern als für weniger anstrengende. Daraus ergibt sich aus Anbietersicht folgendes Bild: Aufgrund der körperlichen Belastung würden die Anbieter für Tätigkeiten wie Putzen, Gartenarbeit, Waschen, Bügeln und Körperpflege mehr Lohn erwarten als für Einkaufen, Botendienste, Haushüten, Tierbetreuung und Chauffeurdienste. Bei Tätigkeiten, die intrinsische Motivatoren umfassen, werden die Anbieter aufgrund der körperlichen Belastung für Alten- und Krankenpflege sowie Hausmeisterdienste höhere Preise verlangen als für Kinderbetreuung oder Kochen, dies wird aber auch von eigenen Präferenzen für die jeweiligen Tätigkeiten beeinflusst.

Die Haushalte bewerten familienunterstützende Dienstleistungen aufgrund der überwiegend geringen fachlichen Anforderung als einfache Arbeiten und sind in der Regel nicht bereit, dafür einen hohen Preis zu zahlen. Psychologisch stehen die familienunterstützenden Dienstleistungen in Konkurrenz zur unbezahlten Eigenarbeit und rechtfertigen auch aus dieser Sicht keinen hohen Preis (Bittner/Weinkopf, 2001,158). Bei Aufgaben, die im Betreuungs- und Pflegebereich eine

mittlere Qualifikation und hohe Sozialkompetenz erfordern, wird die Zahlungsbereitschaft der Nachfrager etwas höher sein, da hier auch die Zufriedenheit der
Betreuten ausschlaggebend ist. Aufgrund des Abgabenkeils ist es jedoch nur
wenigen Haushalten möglich, aus ihrem Nettoeinkommen ein sozialversiche-
rungspflichtiges Bruttogehalt zu bezahlen. Zudem wird selten eine Vollzeithilfe
benötigt. Der Haushalt fühlt sich in der Regel nicht als Arbeitgeber, sondern als
Kunde, der eine Dienstleistung einkauft. Arbeitgeberpflichten, wie die Gewährung
von Urlaub oder Krankentagen sind im Selbstverständnis der Haushalte nicht
verankert.

Erwarten die Anbieter aufgrund der körperlichen Belastung höhere Preise, so
sind diese aus den genannten Gründen kaum durchsetzbar. Daher werden diese
Tätigkeiten entweder nicht legal oder nur in geringem Umfang angeboten, das
heißt als stundenweiser Zuverdienst. Angesichts des Interesses der Dienstleister
an einer angemessenen Entlohnung einerseits und einer geringen Zahlungsbereitschaft der Haushalte andererseits ist hier ein besonders hohes Schwarzmarkt-
potenzial zu vermuten.

Die Anbieter von familienunterstützenden Dienstleistungen können diese in
verschiedenen Beschäftigungsformen ausüben: Als sozialversicherungspflichtige
Angestellte in Privathaushalten (Hausangestellte), als Minijobber, als Beschäftigte
bei einer Dienstleistungsagentur, als Selbstständige oder illegal in Schwarzarbeit.
Jede Beschäftigungsform hat verschiedene Vor- und Nachteile. Hierzu zählen im
Wesentlichen die Verdienstmöglichkeiten, das erreichbare Sozialprestige, Straf-
barkeit, Möglichkeiten zur Voll- oder Teilzeitarbeit, Flexibilität in der Ausübung
der Tätigkeit, Anspruch auf Kranken- und Urlaubstage und der Erwerb von
Anrechten in den Sozialversicherungen. Die Verdienstmöglichkeiten sprechen
für das Schwarzmarktangebot, da hier brutto gleich netto gilt. Auch der Minijob
ist durch die Entlastung von Sozialabgaben eine für den Anbieter finanziell
interessante Alternative, die sein Arbeitsangebot jedoch auf 400 Euro pro Monat
einschränkt.

Möchte der Anbieter mehr verdienen, wird er sich für Schwarzarbeit entscheiden, falls er aufgrund der geringen Aufdeckungsquote nicht mit einer Strafe
rechnet und keine ausgeprägten moralischen Vorbehalte gegen illegale Tätigkeiten
hat. Schwarzarbeit ist auch aufgrund der flexiblen Arbeitszeitgestaltung und des
nicht vorhandenen bürokratischen Aufwands attraktiv. Für eine legale Tätigkeit
sprechen jedoch die Vorteile, die der Anbieter aus der Versicherung in den Sozial-
systemen zieht. Eine Absicherung im Falle eines Unfalls oder bei Krankheit ist
nur mit einer legalen Beschäftigung möglich, ebenso wie der Erwerb von An-
sprüchen an die Renten- und Arbeitslosenversicherung. Eine Vollzeitstelle mit

Anspruch auf Urlaubs- und Krankheitstage – und damit eine den Lebensunterhalt absichernde Tätigkeit – ist nur als Angestellter im Privathaushalt oder bei einer Dienstleistungsagentur zu erreichen.

Tabelle 19 stellt anhand der zuvor genannten Kriterien eine Entscheidungsmatrix aus Sicht eines potenziellen Anbieters von familienunterstützenden Dienstleistungen dar.

Wenngleich die vorgenommene Bewertung der einzelnen Kriterien bis zu einem gewissen Grad willkürlich bleibt, so zeigt Tabelle 19 ein zunächst verblüffendes Ergebnis: Die legalen Tätigkeiten sind aus Anbietersicht deutlich attraktiver als die Schwarzarbeit, selbst wenn die bessere Verdienstmöglichkeit in der Schattenwirtschaft in Betracht gezogen wird. Eine Anstellung als Hausangestellte oder bei Dienstleistungsagenturen müsste aufgrund der sozialen Absicherung demgegenüber viel besser bewertet werden. Zieht man jedoch das Profil der Dienstleister heran, so zeigt sich, dass die positiven Argumente der Sozialversicherung für viele Anbieter keine Rolle spielen, da sie bereits über andere Wege diesen

Kriterien für die Wahl der Beschäftigungsform aus Anbietersicht

Tabelle 19

	Hausan-gestellte	Dienstleis-tungsagentur	Minijob	Selbst-ständigkeit	Schwarz-arbeit
Verdienstmöglichkeit pro Stunde	+	+	+ +	+	+ + +
Strafbarkeit	+	+	+	+	0
Sozialprestige	+	0	0	0	0
Flexibilität	–	–	+	+	+
Teilzeitmöglichkeit	–	+	+	+	+
Vollzeitmöglichkeit	+	+	–	+	–
Unfallschutz	+	+	+	+	–
Kranken-/ Pflegeversicherung	+	+	–	–	–
Arbeitslosenversicherung	+	+	–	–	–
Rentenanspruch	+	+	0	–	–
Bürokratischer Aufwand	0	0	+	–	+
Anspruch auf Urlaub und Krankentage	+	+	+	–	–
Verhältnis positiver zu negativer Kriterien	9/2	9/1	8/3	6/5	6/6

+ = positiver Anreiz; 0 = neutral; – = negativer Anreiz.
Eigene Zusammenstellung

43

Versicherungsschutz erlangt haben. So hat die Analyse des SOEP gezeigt, dass es sich bei der Mehrheit der Anbieter um verheiratete, ältere Ehefrauen handelt (vgl. Abschnitt 2.1), die über den Ehepartner bereits versichert sind und aufgrund anderer familiärer Verpflichtungen kein Interesse an einer Vollzeittätigkeit haben. Wird Schwarzarbeit aus moralischen Gründen nicht vollständig abgelehnt, ist diese dann die günstigste aller möglichen Beschäftigungsformen. Im Folgenden wird die Attraktivität der unterschiedlichen Beschäftigungsmöglichkeiten in Privathaushalten aus Anbieter- und Nachfragersicht dargestellt.

3.2 Beschäftigungsformen aus Sicht von Anbietern und Nachfragern

Hausangestellte

Sozialversicherungspflichtige Beschäftigte in Privathaushalten sind in Deutschland selten. Nur 39.000 Personen und damit 0,1 Prozent aller Erwerbstätigen arbeiten als Hausangestellte (vgl. Abbildung 2). Die Gründe für die geringe Zahl liegen auf der Nachfragerseite. Der hohe Abgabenkeil führt dazu, dass die Bezahlung des Bruttolohns eines Angestellten aus dem Nettolohn der eigenen Erwerbsarbeit nur wenigen Haushalten möglich ist. Zudem suchen die meisten Haushalte keine Vollzeitkraft, sondern nur eine stundenweise Unterstützung (Allensbach, 2008). Aus Anbietersicht ist die Vollzeitanstellung im Haushalt gleichwertig mit anderen Vollzeiterwerbsarbeiten.

Die Vorteile liegen in der realisierbaren hohen Stundenzahl und der vollständigen Sozialversicherung mit entsprechendem Anspruch an die Leistungen. Das Sozialprestige ist etwas höher als bei sonstigen familienunterstützenden Dienstleistungen, da verschiedene Tätigkeiten ausgeübt werden und der Beruf daher ähnlich wie die Arbeit einer Hausfrau bewertet wird.

Nachteile liegen aus Arbeitnehmersicht in der mangelnden Flexibilität, da der Haushalt im Gegensatz zu einem Großbetrieb die anfallende Arbeit nicht auf andere Arbeitnehmer aufteilen kann und viele Dienstleistungen zeitnah erledigt werden müssen. Dienstleister, die nur einen Zuverdienst zu ihren sonstigen Verpflichtungen suchen, weil sie bereits eine andere sozialversicherungspflichtige Beschäftigung haben oder neben Haus- und Erziehungsarbeit nur wenig Zeit für Erwerbsarbeit erübrigen können, werden sich nicht für diese Beschäftigungsform interessieren. Der bürokratische Aufwand entspricht für den Angestellten mit der fälligen Steuererklärung dem üblichen Aufwand einer sozialversicherungspflichtigen Erwerbstätigkeit, der Haushalt übernimmt die Rolle des Arbeitgebers und ist mit entsprechendem Meldeaufwand belastet.

Dienstleistungsagentur

Das Profil der Anstellungen bei Dienstleistungsagenturen weist viele Ähnlichkeiten mit dem der Hausangestellten auf. Allerdings ist das Beschäftigungspotenzial größer, da nicht ein einzelner Haushalt Auftraggeber ist, sondern die Agentur die stundenweise nachgefragten Dienstleistungen bündelt. Im Vergleich zu Reinigungsfirmen ist das Spektrum der gewünschten Dienstleistungen größer und damit interessanter für die Dienstleister. Allerdings werden bisher auch von Privathaushalten überwiegend Reinigungsarbeiten nachgefragt und daher im Vergleich zu einer Anstellung in einem einzelnen Haushalt häufiger vorkommen. Da sich die tatsächlichen Arbeitsanforderungen je nach Kundenprofil der Agenturen unterscheiden, wird auch das Sozialprestige einer Anstellung bei einer Agentur unterschiedlich sein. Etablierte Dienstleistungsagenturen bieten sowohl Vollzeit- als auch Teilzeitstellen an. Die Flexibilität ist aufgrund der festen Struktur zwischen Arbeitgeber und Arbeitnehmer eingeschränkt, dafür bietet die Agentur ein soziales Umfeld, den Austausch mit Kollegen und die Möglichkeit zu Qualifizierungen. Die Arbeitnehmer sind voll sozialversichert und haben Anspruch auf Urlaub und Krankentage. Der bürokratische Aufwand entspricht für die Angestellten dem einer normalen sozialversicherungspflichtigen Erwerbstätigkeit, der Haushalt tritt lediglich als Kunde auf und muss sich um keine Meldepflichten oder Ähnliches kümmern.

Minijob

Das Prestige von Minijobbern in Privathaushalten ist nicht hoch. Überwiegend werden Reinigungsdienste nachgefragt. Der Vorteil dieser Beschäftigungsform besteht in der besseren Verdienstmöglichkeit pro Stunde durch die Freistellung von der Sozialversicherungspflicht für den Arbeitnehmer. Aus Arbeitgebersicht sind Minijobber durch die Pauschalierung der Abgaben und die Befreiung von der Mehrwertsteuer attraktiver als ein sozialversicherungspflichtig Angestellter. Allerdings wird das Arbeitsvolumen durch die Begrenzung auf 400 Euro pro Monat eingeschränkt, eine Vollzeittätigkeit ist also nicht möglich. Aufgrund dessen ist diese Beschäftigungsform für Personen interessant, die lediglich eine Teilzeitstelle mit geringem Arbeitsvolumen suchen. Derzeit arbeiten 158.000 Minijobber in Privathaushalten (Minijob-Zentrale, 2008). Der Minijobber erwirbt im Gegenzug zu seinem höheren Nettoverdienst pro Stunde keine Ansprüche in der Arbeitslosen-, der Kranken- und Pflegeversicherung und nur geringe Ansprüche durch die pauschalierte Abgabe des Arbeitgebers in der Rentenversicherung. Es besteht allerdings eine Aufstockungsmöglichkeit. Im Unterschied zur Schwarzarbeit ist der Minijobber unfallversichert, er arbeitet legal und hat Anspruch auf

Urlaub und Krankengeld. Die einfache Anmeldung der Minijobs über das Haushaltsscheckverfahren entlastet beide Seiten von bürokratischem Aufwand und macht diese Beschäftigungsform für Privathaushalte attraktiv, die sich in der Regel nicht als Arbeitgeber, sondern als Kunde sehen. Entsprechend wird aber auch der Anspruch der Minijobber auf Urlaub und Krankengeld wenig akzeptiert. Eine Reinigungshilfe zu bezahlen, wenn sie Urlaub nimmt oder schwanger wird, entspricht nicht der Vorstellung der Privathaushalte bezüglich eines Vertragsverhältnisses. Die genannten Regelungen machen den Minijob in Kombination mit den pauschalierten Abgaben aus Haushaltssicht unattraktiver als Schwarzarbeit. Viele Haushalte sind aber dennoch bereit, diesen Preis für die Legalisierung ihres Vertragsverhältnisses zu bezahlen (Allensbach, 2008).

Selbstständigkeit

Die Selbstständigkeit ist grundsätzlich eine attraktive legale Arbeitsform, da sie dem Dienstleister die größtmögliche Freiheit lässt. Er kann selbst über Umfang und die Organisation seiner Arbeit bestimmen. Die Selbstständigkeit ist unter den Anbietern von familienunterstützenden Dienstleistungen jedoch wenig verbreitet. Nur 5,4 Prozent der familienunterstützenden Dienstleister im Haupterwerb und 8,1 Prozent der Dienstleister im Nebenerwerb sind als Selbstständige gemeldet (eigene Berechnungen auf Basis des SOEP). Der Selbstständige muss sowohl für die Kosten der Sozialversicherungen selbst aufkommen als auch über erhebliches betriebswirtschaftliches Wissen verfügen, das Geringqualifizierten oft fehlt. Im Gegensatz zu Dienstleistungsagenturen haben sie keinen direkten Ansprechpartner bei Problemen. Die Verdienstmöglichkeiten sind durch die zu leistenden Sozialabgaben geringer als beim Minijob oder in Schwarzarbeit. Die steuerlichen Fördermöglichkeiten sind seit Abschaffung der „Ich-AG" zum 1. Januar 2006 begrenzt. Anspruch auf Urlaub oder Krankengeld hat der Selbstständige per se nicht, er muss die entsprechende Versicherung selbst organisieren und bezahlen. Aus Sicht der Haushalte ist diese Beschäftigungsform attraktiv, denn sie nimmt dem Haushalt die Arbeitgeberpflichten und lässt ihn als Kunde die Dienstleistung einkaufen. Im Gegensatz zu Dienstleistungsagenturen fallen keine Overheadkosten für die Organisation an. Im Vergleich zur Schwarzarbeit muss der Dienstleister aber höhere Preise fordern, um seinen Versicherungsschutz aufbauen zu können. Zudem muss er Mehrwertsteuer an den Staat abführen.

Schwarzarbeit

Die Schwarzarbeit bietet aus Anbietersicht die Vorteile der Selbstständigkeit und vermeidet gleichzeitig die Belastungen durch Steuern und Abgaben sowie den bürokratischen Aufwand. Der Anbieter kann sich sein Arbeitsvolumen selbst wählen, ist vollständig flexibel und hat durch die Umgehung der Abgaben einen relativ hohen Nettoverdienst. Die Illegalität der Schwarzarbeit ist deshalb für viele Personen kein ausschlaggebendes negatives Kriterium. Das Unrechtsbewusstsein in der Bevölkerung ist in diesem Bereich nicht sehr ausgeprägt. Dabei ist Schwarzarbeit für die Anbieter grundsätzlich mit erheblichen Nachteilen verbunden: Wer schwarzarbeitet ist nicht sozialversichert, erwirbt also keine Ansprüche in der Rentenversicherung, ist nicht krankenversichert und hat auch keinen Unfallschutz. Eine Absicherung für Urlaub und Krankheitstage gibt es ebenfalls nicht. Berücksichtigt man aber das dargelegte Profil der Anbieter, so wird klar, dass viele den Sozialversicherungsschutz über andere Wege bereits erreicht haben. Vor allem für Verheiratete, die über ihren Ehepartner mitversichert sind und die eine über die 400-Euro-Grenze hinausgehende Beschäftigung suchen, aber keine Vollzeitstelle anstreben, ist Schwarzarbeit sehr attraktiv. Die kostenlose Mitversicherung wirkt hier als Anreizverzerrung hin zu einer illegalen Beschäftigung. Auch für Beschäftigte, die zusätzlich zu einer sozialversicherungspflichtigen Arbeit einen Hinzuverdienst über 400 Euro im Monat suchen, überwiegen die Vorteile der Schwarzarbeit, da bereits durch den Erstjob der erforderliche Versicherungsschutz erlangt wird.

Hinzu kommt das Arbeitspotenzial von Arbeitslosen und Ausländern ohne gültige Arbeitserlaubnis. Insbesondere für Vollzeit-Pflegedienste werden in Haushalten oftmals Ausländerinnen eingesetzt. Mit der EU-Osterweiterung hat sich hier ein großes Potenzial an Arbeitskräften erschlossen. Eine generelle Zuwanderungsmöglichkeit für Erwerbstätige in familienunterstützenden Dienstleistungen besteht aber nicht (vgl. Abschnitt 4.2). Allenfalls Pflege- und Au-pair-Kräfte können in Deutschland erwerbstätig werden, wobei dies von der Entscheidung nachgeordneter Behörden anhand intransparenter Kriterien abhängt. Eine planbare und vor allem für Immigranten attraktive Perspektive ergibt sich dadurch nicht. Die Beschäftigung über Monate hinweg in deutschen Privathaushalten liegt oftmals in einer rechtlichen Grauzone (Lutz, 2007). Kommen die Pflegerinnen aus Nicht-EU-Staaten, haben sie keine Möglichkeit, legal in Deutschland zu arbeiten. Der europäische Spitzenreiter bei der Nutzung von familienunterstützenden Dienstleistungen, Spanien, setzt hingegen gezielt auf die Integration von Einwanderern über die Beschäftigung in Privathaushalten. So werden gezielt Arbeitskontingente für Ausländer in Privathaushalten vergeben und illegale Einwanderer erhalten für ein Jahr eine Arbeitserlaubnis, wenn sie nachweisen können, dass sie in den vergangenen zwei Jahren (illegal) eine Erwerbstätigkeit ausgeübt haben (Jiménez Laux, 2004).

3.3 Bewertung der Anreizstrukturen und Beschäftigungs-formen

Analysiert man die Anreizstrukturen für Anbieter und Nachfrager, eine legale oder illegale Arbeit im Privathaushalt anzubieten beziehungsweise nachzufragen, so spricht zunächst vieles für eine legale Tätigkeit. Aus Haushaltssicht bietet eine legale Beschäftigung eine höhere Sicherheit, eine verlässliche und vertrauenswürdige Hilfe im sensiblen Privatbereich zu finden, zudem können Unfälle abgesichert werden und es drohen weder Strafzahlung noch Rufschädigung, wie dies bei Bekanntwerden einer illegalen Beschäftigung der Fall wäre. Diese Vorteile können je nach persönlichen Präferenzen und Werthaltungen die höheren Kosten überwiegen, zumal bei einer legalen Beschäftigung 20 Prozent der Kosten – bis zu 4.000 Euro pro Jahr – von der Steuer abgesetzt werden können (bei Minijobbern bis 510 Euro, vgl. Abschnitt 1.5). Aus Anbietersicht könnten vor allem die Vorteile durch die Absicherung in den Sozialversicherungen die geringeren Verdienstmöglichkeiten nach Abzug der Abgaben überwiegen. Das Profil der Anbieter zeigt aber, dass diese Vorteile oft schon über andere Wege gesichert sind. So haben insbesondere verheiratete Anbieter, die bereits über ihren Ehepartner versichert sind und einen stundenweisen Zuverdienst suchen, kaum Interesse an einer legalen Tätigkeit in diesem Bereich. Es ist daher anzunehmen, dass der hohe Anteil an Schwarzarbeit unter den familienunterstützenden Dienstleistungen durch Anreizverzerrungen auf der Anbieter- und weniger durch eine mangelnde Zahlungsbereitschaft auf der Nachfrageseite zu erklären ist.

Bei einer legalen Beschäftigung gibt es die Formen der sozialversicherungspflichtigen Haushaltshilfe, des Minijobbers oder der Dienstleistung von Selbstständigen. Die Analyse der Anreizstrukturen der verschiedenen Beschäftigungsformen zeigt, dass die Nachfrage nach sozialversicherungspflichtigen Hausangestellten gering ist, da hierfür eine hohe Stundenzahl pro Woche nachgefragt werden muss. Es gibt daher nur wenige Vollzeitstellen in diesem Bereich. Die Alternative sind Dienstleistungsagenturen, da diese die Nachfragewünsche zu sozialversicherungspflichtigen Arbeitsplätzen bündeln und den Vorteil bieten, als Ansprechpartner für Haushalte und Dienstleister zur Verfügung zu stehen. Sie sind allerdings aufgrund der Overheadkosten und der Steuer- und Abgabenlast deutlich teurer als Minijobber oder einzelne Selbstständige.

Die Beschäftigungsform Minijob ist für viele Haushalte attraktiv, weil hier mit geringem bürokratischem Aufwand und einem relativ geringen Kostenaufschlag ein legales Beschäftigungsverhältnis erreicht werden kann. Aus Anbietersicht ist diese Form jedoch kaum vorteilhafter als Schwarzarbeit, denn das mögliche Monatseinkommen wird auf 400 Euro begrenzt und es entstehen nur in geringem

Maße direkte Ansprüche an die Sozialversicherungen. Ob die Vorteile aus der Versicherung im Krankheitsfall und der Urlaubsanspruch in der Praxis genutzt werden, ist zweifelhaft, da sich die Haushalte in der Regel nicht als Arbeitgeber sehen und ihre Zahlungen an die konkret geleisteten Arbeitsstunden knüpfen.

Das Angebot selbstständiger Dienstleister ist aus Sicht der Haushalte attraktiv, weil hiermit keine Arbeitgeberpflichten verknüpft sind. Von den Anbietern verlangt es jedoch einen relativ hohen bürokratischen Organisationsaufwand und entsprechendes Wissen. Da viele Anbieter aber nur über eine geringe Schulbildung verfügen, werden sie diese Arbeitsform voraussichtlich nicht wählen. Zudem verteuert die Mehrwertsteuer den Preis für selbstständige Arbeit, von welcher der Anbieter nicht direkt profitiert. Für ihn ist daher die Schwarzarbeit in der Regel attraktiver als die Selbstständigkeit.

3.4 Abschätzung des Marktpotenzials

Die Analyse des Marktes für familienunterstützende Dienstleistungen hat gezeigt, dass im Falle einer entsprechenden Reform der Rahmenbedingungen ein erhebliches Potenzial an Arbeitsplätzen besteht. Frühere Untersuchungen schätzten Ende der neunziger Jahre das Nachfragepotenzial je nach Ausgestaltung der steuerlichen Förderung auf 200.000 bis 700.000 Arbeitsplätze (für einen Überblick siehe Bittner/Weinkopf, 2001, 154). In einer jüngeren Untersuchung des Deutschen Instituts für Wirtschaftsforschung Berlin (DIW) wurde dieses Potenzial aus Haushaltssicht in Abhängigkeit von einer angenommenen Subventionierung der Lohnkosten geschätzt (Brück et al., 2002). Danach würden im Falle einer Subventionierung von 10 Prozent der Lohnkosten 350.000 Haushalte gelegentlich oder regelmäßig eine Hilfe nachfragen, bei einer Subvention von 50 Prozent wären es 2,2 Millionen. Allerdings fragen Haushalte erfahrungsgemäß nur stundenweise eine Hilfe nach, sodass sich aus dieser Schätzung kein direkter Hinweis auf vollzeitäquivalente Arbeitsplätze ergibt. Die Robert Bosch Stiftung legte 2006 eine Potenzialschätzung von jährlich zusätzlichen 60.000 Vollzeitäquivalenten vor (Robert Bosch Stiftung, 2006, 77 ff.), in der die Effekte der Inanspruchnahme von familienunterstützenden Dienstleistungen und einer hierdurch steigenden Frauenerwerbstätigkeit jedoch vermischt sind.

Im Folgenden wird versucht, das Potenzial an vollzeitäquivalenten Stellen anhand verschiedener Verfahren einzugrenzen. Zunächst wird der in aktuellen Umfragen geäußerte Wunsch nach einer Haushaltshilfe in Abhängigkeit von deren Stundenlohn hochgerechnet, danach das Potenzial geschätzt, das sich aus einer Teillegalisierung des Schwarzmarktes ergeben könnte, und schließlich ein Vergleich mit den im Ausland üblichen Beschäftigungsquoten in Privathaushalten herangezogen.

Realisierung vorhandener Nachfragewünsche

Berechnet man auf der Grundlage der Umfrageergebnisse das Potenzial an Arbeitsplätzen in Privathaushalten, das bei einer entsprechenden Förderung der familienunterstützenden Dienstleistungen aktiviert werden könnte, so ergibt sich folgendes Bild: Von den Haushalten ohne derzeitige Hilfe haben 9 Prozent haushaltsnahe Dienstleistungen bereits einmal in Anspruch genommen und weiterhin Interesse. Von den Haushalten, die noch nie eine solche Hilfe in Anspruch genommen haben, bekunden 15 Prozent und damit hochgerechnet sechs Millionen Haushalte konkretes Interesse an familienunterstützenden Dienstleistungen. Bei einer durchschnittlichen Inanspruchnahme von fünf Stunden pro Woche wären dies 1,56 Milliarden Stunden pro Jahr und rechnerisch 886.000 Vollzeitstellen, wenn man die stundenweisen Nachfragewünsche über geeignete Beschäftigungsformen wie Dienstleistungsagenturen oder Selbstständigkeit bündeln könnte.

Die Nachfrage ist aber preisabhängig, sodass das realistisch zu erwartende Potenzial geringer ist. Derzeit werden durchschnittlich 8,83 Euro pro Stunde gezahlt. Basierend auf den Umfrageergebnissen ergibt sich bei einem Stundenlohn von 8 Euro ein Potenzial von 594.000 Vollzeitäquivalenten, bei einem Stundenlohn von 10 bis 12 Euro sind es 417.000 Vollzeitäquivalente und bei einem Stundenlohn von 15 Euro noch 248.000 Vollzeitstellen. Entsprechend passen sich das zu erwartende Jahreseinkommen der Haushaltshilfe sowie die gesamte Wertschöpfung aus dem Bruttoeinkommen für die Volkswirtschaft an (Tabelle 20).

Nachfragepotenzial nach familienunterstützenden Dienstleistungen   Tabelle 20

Angenommener Preis pro Stunde, in Euro	Vollzeit-äquivalente	Jahreseinkommen pro Hilfe, in Euro	Gesamtes Bruttoein-kommen, in Milliarden Euro
Unter 5	886.000	–	–
5	771.000	8.800	6,8
8	594.000	15.500	9,2
10 bis 12	417.000	19.360	8,1
15	248.000	26.400	6,6

Quelle: Eigene Berechnungen in Anlehnung an Allensbach, 2008

Legalisierung von Schwarzarbeit

Die Analyse der Anreizstrukturen von Anbietern und Nachfragern auf dem Markt für familienunterstützende Dienstleistungen hat gezeigt, dass vor allem die Anbieter ein Interesse an illegaler Tätigkeit haben. In Kapitel 4 werden Maßnahmen vorgestellt, um diese Anreizstrukturen zu verändern und den Markt zu legalisieren. Im Falle einer Umsetzung könnte ein Teil der momentan nicht gemeldeten Beschäftigung in legale Arbeitsplätze umgewandelt werden. Eine aktuelle Allensbach-Umfrage ergab, dass im Januar 2008 rund 4,5 Millionen Haushalte eine Haushaltshilfe beschäftigen (Allensbach, 2008). Auswertungen des SOEP liegen mit etwa vier Millionen Haushalten etwas niedriger. Demgegenüber sind nur rund 39.000 sozialversicherungspflichtig Beschäftigte und 158.000 Minijobber offiziell als in Privathaushalten Tätige gemeldet. Die Nachfrage haushaltsnaher Dienstleistungen wird daher schätzungsweise zu 95 Prozent über den Schwarzmarkt gedeckt. Für die vier Millionen illegalen Arbeitsverhältnisse liegen keine genauen Angaben darüber vor, wie viele Stunden die Haushalte diese Dienste nachfragen. Bei einer sich aus der Umfrage ergebenden durchschnittlichen Nachfrage von fünf Stunden pro Woche wären dies rechnerisch 1,04 Milliarden Arbeitsstunden pro Jahr. Durchschnittlich zahlen die Haushalte ihren Hilfen 8,83 Euro pro Stunde, sodass sich 591.000 Vollzeitarbeitsplätze mit einem jeweiligen Jahresarbeitseinkommen von 15.500 Euro errechnen lassen. Geht man davon aus, dass sich durch geeignete Maßnahmen (siehe Kapitel 4) zwischen 30 und 60 Prozent dieses Arbeitsvolumens legalisieren lassen, so ergeben sich verschiedene Beschäftigungspotenziale und Bruttoarbeitseinkommen für die Volkswirtschaft, wobei den Schätzungen jeweils ein Durchschnittslohn von 8,83 Euro zugrundeliegt:

- Eine Legalisierung von 30 Prozent der bisherigen Schwarzarbeit würde zu 177.000 Vollzeitäquivalenten und einem zusätzlichen Bruttoarbeitseinkommen von 2,8 Milliarden Euro führen.
- Gelänge es, 60 Prozent der bisherigen Schwarzarbeit zu legalisieren, so wären es 355.000 Arbeitsplätze und ein zusätzliches volkswirtschaftliches Bruttoeinkommen von 5,5 Milliarden Euro.

Internationaler Vergleich

Zieht man den Anteil der Beschäftigten in Privathaushalten laut der Europäischen Arbeitskräfteerhebung 2005 heran, so liegt Deutschland mit 0,6 Prozent aller Erwerbstätigen unter dem EU-15-Durchschnitt von 1,4 Prozent (Eichhorst/ Tobsch, 2007, 7 f.).[2] Würde Deutschland den Anteil der Beschäftigten in Privathaushalten auf diesen EU-15-Durchschnitt erhöhen, wären das etwa 300.000 Arbeitsplätze mehr als heute (Tabelle 21). Eine Erhöhung auf den Durchschnitt

---

[2] Die Erfassung von Beschäftigten im Bereich der familienunterstützenden Dienstleistungen ist mit Abgrenzungsproblemen behaftet. Die Zahlen der Europäischen Arbeitskräfteerhebung weichen daher etwas von den Erhebungen der Landesstatistiken ab. So weist die Beschäftigtenstatistik für Deutschland einen Anteil der Dienstleister in Privathaushalten von 0,4 Prozent aus, eine ähnliche Erhebung in Frankreich, der l'enquête emploi en continu 2005 (Insée, 2008), kommt auf 3,3 Prozent Beschäftigte in diesem Bereich.

der sieben Länder, die in diesem Bereich mehr Beschäftigte haben als Deutschland, brächte 727.000 Arbeitsplätze, eine Erhöhung auf die Quoten der Spitzenreiter Spanien, Portugal und Frankreich etwa eine Million Arbeitsplätze zusätzlich.

Die unterschiedlich hohen Anteile an offiziell Beschäftigten in Privathaushalten in der EU lassen sich auf abweichende Konstellationen in den Ländern zurückführen. In Spanien ist der hohe Anteil an familienunterstützenden Dienstleistungen Ausdruck einer breiten Akzeptanz in der Bevölkerung. Zudem nutzt Spanien den Arbeitsort Haushalt zur Integration von (illegalen) Einwanderern, vor allem aus Marokko.

Frankreich hingegen fördert familienunterstützende Dienstleistungen mit hohen Steuersubventionen. Bereits seit 1993 werden subventionierte Gutscheine für familienunterstützende Dienstleistungen vergeben. Der zurzeit etablierte Chèque Emploi Service Universel (CESU) wird zur Bezahlung von 83 Prozent der Beschäftigten in Privathaushalten eingesetzt (eigene Berechnungen in Anlehnung an Insée, 2008). Die Kosten der Haushalte für Entlohnung und Sozialabgaben der

Arbeitsplatzpotenzial in Privathaushalten in Europa

Tabelle 21

	Erwerbstätige in Privathaushalten, in Prozent aller Erwerbstätigen	Erwerbstätige in Deutschland bei Verhältnissen wie in …	Potenzial an Arbeitsplätzen in Deutschland im Vergleich zu heute
Spanien	3,8	1.441.720	1.214.080
Portugal	3,2	1.214.080	986.440
Frankreich	2,9	1.100.260	872.620
Luxemburg	2,1	796.740	569.100
Griechenland	1,6	607.040	379.400
Italien	1,5	569.100	341.460
Deutschland	0,6	227.640	0
Belgien	0,5	189.700	−37.940
Vereinigtes Königreich	0,5	189.700	−37.940
Irland	0,4	151.760	−75.880
Finnland	0,4	151.760	−75.880
Österreich	0,3	113.820	−113.820
EU-15	1,4	531.160	303.520
Durchschnitt der EU-Spitzengruppe	2,5	954.823	727.183

Für Dänemark, Niederlande und Schweden liegen zu geringe Fallzahlen für eine Auswertung vor.
Quellen: Eurostat, 2005; OECD, 2007a; Eichhorst/Tobsch, 2007; eigene Berechnungen

familienunterstützenden Dienstleister können bis zu einer Höhe von 12.000 Euro pro Jahr zur Hälfte von der Einkommensteuer abgesetzt werden. De facto übernimmt der Staat damit die kompletten Sozialabgaben und der Haushalt zahlt nur das Netto-Arbeitsentgelt (Eichhorst/Tobsch, 2007, 22). Darüber hinaus können Unternehmen die Gutscheine steuerlich begünstigt an ihre Beschäftigten abgeben. CESU-Gutscheine in Höhe von 100 Euro kosten das Unternehmen nur 42 Euro.

Überraschend ist der geringe Anteil an Beschäftigten in Privathaushalten in Dänemark. Rechnerisch ergeben sich nur 0,2 Prozent Beschäftigte, es liegen aber so geringe Fallzahlen vor, dass die Daten nicht statistisch abgesichert werden können. Dänemark etablierte ab 1994 ebenfalls ein hochsubventioniertes Gutscheinsystem (vgl. Abschnitt 4.3).

Gesamtes Marktpotenzial

Die Berechnungen des Marktpotenzials von familienunterstützenden Dienstleistungen – basierend auf drei verschiedenen Herangehensweisen – zeigen, dass aus deren Förderung ein Beschäftigungsvolumen zwischen 177.000 und 772.000 Vollzeitäquivalenten zu erwarten ist. Gelingt es der Politik mit den in Kapitel 4 skizzierten Maßnahmen, 30 Prozent der derzeit in Schwarzarbeit erledigten familienunterstützenden Dienstleistungen zu legalisieren, so entspräche dies 177.000 Vollzeitäquivalenten (Tabelle 22).

Das Arbeitsplatzpotenzial von familienunterstützenden Dienstleistungen

Tabelle 22

	Vollzeitäquivalente	Bruttoeinkommen, in Milliarden Euro
Legalisierung der Schwarzarbeit:		
30 Prozent	177.000	2,8
60 Prozent	355.000	5,5
Realisierung vorhandener Nachfragewünsche:		
bei 8 Euro Stundenlohn	594.000	9,2
bei 10 bis 12 Euro Stundenlohn	417.000	8,1
Internationaler Vergleich:		
Durchschnitt EU-15	304.000*	4,7
Durchschnitt EU-Spitzengruppe	727.000*	11,3
Maximalszenario (Legalisierung von 60 Prozent der bisher in Schwarzarbeit geleisteten Dienste plus Realisierung von Nachfragewünschen bei 10 bis 12 Euro)	772.000	13,6

* Beschäftigte.
Eigene Berechnungen

Eine Legalisierung von 60 Prozent brächte 355.000 Vollzeitäquivalente. Betrachtet man die Nachfrageseite, so würde eine Realisierung der in Umfragen geäußerten Nachfragewünsche zu einem Stundenpreis von 10 bis 12 Euro zu 417.000 Vollzeitäquivalenten führen. Bei dem derzeit akzeptierten Schwarzmarktpreis von 8 Euro wären es 594.000 Vollzeitäquivalente. Die Kombination aus zusätzlicher Nachfrage und Legalisierung bestehender Verträge ergäbe ein Volumen von 772.000 Arbeitsplätzen. Dies entspräche einer Inanspruchnahme von familienunterstützenden Dienstleistungen auf dem Niveau der in diesem Bereich führenden Länder der Europäischen Union. Eine Erhöhung auf den Durchschnitt der EU-15 ergäbe hingegen nur 304.000 zusätzliche Stellen, Vollzeitäquivalente können hier nicht geschätzt werden. Das zusätzlich realisierte Bruttoeinkommen in der Volkswirtschaft würde je nach Annahme zwischen 2,8 und 13,6 Milliarden Euro liegen.

Politikoptionen zur Förderung familien-unterstützender Dienstleistungen

Die Politik hat immer wieder versucht, den Markt für familienunterstützende Dienstleistungen zu stärken. Zu nennen sind hier insbesondere die steuerlichen Abzugsmöglichkeiten für Hausangestellte Ende der neunziger Jahre, die Einführung des Haushaltsscheckverfahrens und der Minijobs sowie die seit 2006 geltenden Möglichkeiten der steuerlichen Absetzbarkeit von haushaltsnahen Dienstleistungen und ihre Erweiterung im Jahr 2008 (siehe auch Abschnitt 1.5). Dennoch werden familienunterstützende Dienstleistungen weiterhin nur von einem kleinen Teil der Bevölkerung in Anspruch genommen und überwiegend in Schwarzarbeit erbracht. Aufgrund der hier vorgestellten Untersuchungen zum Markt für familienunterstützende Dienstleistungen, zu den herrschenden Anreizstrukturen und dem sozioökonomischen Hintergrund der Anbieter und Nachfrager werden im Folgenden Vorschläge zur Weiterentwicklung des Marktes gemacht und derzeit diskutierte Politikoptionen bewertet.

4.1 Fördermaßnahmen im Steuer- und Sozialsystem

Aufgrund der hohen Arbeitsintensität von haushaltsnahen Dienstleistungen spielt die Belastung mit Steuer- und Sozialabgaben für die Mobilisierung des Marktpotenzials eine besondere Rolle. Deshalb stehen die entsprechenden Maßnahmen an erster Stelle.

Verringerung der Steuer- und Abgabenlast

Der Steuer- und Abgabenkeil auf den Faktor Arbeit ist in Deutschland im Vergleich zu anderen Ländern überdurchschnittlich hoch (IW Köln, 2005; OECD, 2008). Er ist ein wesentlicher Grund für den hohen Schwarzmarktanteil bei der Ausübung und Inanspruchnahme von familienunterstützenden Dienstleistungen. Zahlreiche empirische Untersuchungen belegen den positiven Einfluss der Steuerlast auf das Ausmaß der Schattenwirtschaft: je höher die Steuerlast, desto größer die Schattenwirtschaft. Diese These wurde mit verschiedenen Variablen wie dem Einkommen- und Mehrwertsteuersatz, dem Anteil direkter und indirekter Steuern am BIP, der Höhe und dem Anteil der Sozialversicherungsabgaben sowie der Höhe des Spitzensteuersatzes untersucht (Johnson et al., 1998; Davis/Henrekson, 2004).

Bei der Berechnung des sogenannten Steuer- und Abgabenkeils kommt es nicht allein auf die direkten Belastungen der Arbeitnehmer an. Entscheidend ist die Kluft zwischen den gesamten Arbeitskosten – einschließlich der Arbeitgeberbeiträge zur Sozialversicherung – und den Nettoeinkommen. Je höher die Arbeitskosten ausfallen, desto stärker reagieren die Unternehmen, indem sie Arbeitsplätze abbauen oder gar nicht erst schaffen; umso größer ist der Anreiz für die Arbeitnehmer, in die Schwarzarbeit auszuweichen. In Deutschland werden 52,5 Prozent der Bruttoarbeitskosten an den Staat abgeführt, nur in Belgien ist der Abgabenkeil mit 55,4 Prozent noch höher als hierzulande. In einigen anderen Staaten – wie zum Beispiel die Schweiz, USA, Japan, Australien oder Irland – liegt der Abgabenkeil hingegen unter 30 Prozent der Arbeitskosten (Abbildung 6).

Als Ausweg für besonders von Schwarzarbeit betroffene, arbeits-

Steuer- und Sozialabgaben im internationalen Vergleich

Abbildung 6

in Prozent der Bruttoarbeitskosten

■ Sozialabgaben ▨ Steuern

Belgien
Deutschland
Frankreich
Österreich
Italien
Niederlande
Dänemark
Spanien
Norwegen
Vereinigtes Königreich
Schweiz
USA
Japan
Australien
Irland

0 10 20 30 40 50 60

Quelle: OECD, 2007b

intensive Branchen – wie die familienunterstützenden Dienstleistungen – lassen sich Sondervergünstigungen diskutieren. Für die Nachfragerseite wäre dies die steuerliche Absetzbarkeit von haushaltsnahen Dienstleistungen und für die Anbieterseite eine Subventionierung über die Absenkung des Mehrwertsteuersatzes. So müssen beispielsweise Dienstleistungsagenturen zusätzlich zu den Overheadkosten für die Organisation ihres Betriebs einen Mehrwertsteueraufschlag von 19 Prozent verlangen. Während der Nettolohn der Angestellten von Dienstleistungsagenturen mit etwa 8 Euro wenig vom Schwarzmarktpreis abweicht, liegen die Kosten für die Haushalte bei über 20 Euro und sind damit nicht konkurrenzfähig (Arkenstette, 2005, 84). Die steuerliche Absetzbarkeit senkt diesen Preis etwas, sodass bei maximaler Subventionierung derzeit ein Preis von etwa 12 Euro pro Stunde möglich wird. Beispiele aus Frankreich und Dänemark belegen, dass eine Übernahme der Kosten durch den Staat von bis zu 50 Prozent notwendig scheint, um den Markt für familienunterstützende Dienstleistungen zu legalisieren. Eine Rückführung der Subventionen hat in Dänemark zum sofortigen Einbrechen des Marktes geführt (Eichhorst/Tobsch, 2007).

Ordnungspolitisch fragwürdig ist allerdings, dass sich der Faktor Arbeit zunächst durch hohe Steuern und Abgaben generell für alle verteuert, nachfolgend aber nur bestimmte Dienstleistungen wieder entlastet werden. Unter dem Aspekt der Verteilung ist kritisch zu hinterfragen, warum Bürger, welche die Dienste nicht in Anspruch nehmen, diese anderen Bürgern über ihre Steuern finanzieren sollen. Die Analyse der Nachfragerstrukturen belegt, dass Familien diese Dienstleistungen derzeit unterdurchschnittlich beanspruchen. Eine Absenkung der Mehrwertsteuer für familienunterstützende Dienstleistungen würde im Status quo daher Familien weniger begünstigen als andere Nutzergruppen. Eine generelle Absenkung der Steuer- und Abgabenlast für alle Bereiche ist somit der bessere Weg der Entlastung (IW Köln, 2005, 108 ff.). Er scheitert aber in der politischen Realität häufig an der mangelnden Bereitschaft, auf der Ausgabenseite Einsparungen vorzunehmen.

Verbesserung der steuerlichen Absetzbarkeit

Haushaltsnahe Dienstleistungen, die zu einem großen Teil deckungsgleich mit familienunterstützenden Dienstleistungen sind, werden bereits jetzt steuerlich bevorzugt behandelt (vgl. Abschnitt 1.5). Eine weitergehende steuerliche Absetzbarkeit der Aufwendungen für solche Dienstleistungen kann die Nachfrage und in letzter Konsequenz die Beschäftigung in diesem Bereich steigern, denn der Nettopreis der Dienstleistung sinkt für den Nachfrager zunächst im Ausmaß der Steuerförderung. Zusätzlich wird der Anreiz geschaffen, eine solche Beschäftigung in einem legalen Rahmen nachzufragen, da sich der steuerliche Vorteil erst ergibt, wenn diese den Behörden offiziell gemeldet ist. Die Anreize der Anbieter solcher Dienstleistungen berührt die steuerliche Absetzbarkeit bei den Nachfragern indes nicht. Insofern ist bei gegebenem Anbieterverhalten mit einer steigenden Nachfrage zu rechnen, was in einem funktionierenden Markt neben einer steigenden Beschäftigung auch zu steigenden Preisen beziehungsweise Einkommen führt. Dadurch wird ein Teil des zusätzlichen Nachfragepotenzials wieder aufgefangen. Im Sinne einer Second-Best-Lösung kann – sofern es nicht zu einer generellen Absenkung der Lohnzusatzkosten kommt – dafür plädiert werden, die bisher gewährten steuerlichen Vergünstigungen für bestimmte Dienstleistungen zu einem Gesamtbetrag zusammenzuführen, da so eine deutliche Vereinfachung des Steuerrechts zumindest in diesem Bereich erreicht wird.

Grundsätzlich ist bei der Frage der steuerlichen Absetzbarkeit von Aufwendungen das Veranlassungsprinzip zu beachten. Als Werbungskosten sind lediglich Aufwendungen abzusetzen, die durch eine Erwerbstätigkeit veranlasst sind. Ausschlaggebendes Motiv ist dabei die Idee des „selbstbestimmten planvollen Wirtschaftens" (Tipke/Lang, 1991, 252). Das heißt, dass Werbungskosten dann anfallen, wenn mit den Aufwendungen die Absicht zur Einkommenserzielung verbunden ist. Diese Festlegung ist weder rein objektiv noch rein subjektiv. Es gibt keine starre Regelbindung. Eine Aufwendung ist erwerbsbedingt, wenn sie einerseits objektiv mit der Einkommenserzielung zusammenhängt, andererseits aber auch subjektiv dafür bestimmt ist. Diese Unschärfe verhindert, dass bestimmte Ausgabenarten eindeutig zuzuordnen sind. Ausschlaggebend ist immer der Einzelfall.

Das Kriterium, an dem der Einzelfall zu entscheiden ist, dürfte bezogen auf die familienunterstützenden Dienstleistungen überwiegend aus § 4, Absatz 5, Nr. 7 des Einkommensteuergesetzes (EStG) abzuleiten sein. Demzufolge dürfen „Aufwendungen, die die Lebensführung des Steuerpflichtigen [...] berühren, soweit sie nach allgemeiner Verkehrsauffassung als unangemessen anzusehen sind", den Gewinn beziehungsweise das zu versteuernde Einkommen nicht mindern. Im Ergebnis heißt das aus steuerökonomischer und -systematischer Sicht, dass im Einzelfall eine steuerliche Absetzbarkeit – gegebenenfalls auch der gesamten Aufwendungen – gerechtfertigt sein kann, eine allgemeine und umfassende Absetzbarkeit jedoch nicht.

Im Falle von vollzeiterwerbstätigen Alleinerziehenden dürfte davon auszugehen sein, dass die Kinderbetreuung, aber auch andere familienunterstützende Dienstleistungen erwerbsbedingt veranlasst sind. Schwieriger zu beantworten ist die Frage bei teilzeiterwerbstätigen Alleinerziehenden. Im Sonderfall von Alleinerziehenden, deren Einkommen nicht aus Erwerbstätigkeit, sondern aus Vermögen entsteht, dürfte die Absetzbarkeit dagegen zu verneinen sein, da ohne Erwerbstätigkeit keine erwerbsbedingten Aufwendungen entstehen können. Im Falle von Paarhaushalten könnte argumentiert werden, dass die mögliche Arbeitsteilung im Haushalt die Notwendigkeit der Nachfrage nach familienunterstützenden Dienstleistungen infrage stellt. Damit wären sie nach allgemeiner Verkehrsauffassung unangemessen und nicht absetzbar. Wenn aber dem herkömmlichen Verständnis der Allgemeinheit ein Haushaltsmodell, in dem alle Erwerbsfähigen erwerbstätig sind, nicht entgegensteht, kann die Absetzbarkeit begründet werden. Ähnlich unbestimmt verhält es sich mit der Art der Dienstleistung. Betreuungsdienstleistungen sind relativ einfach als erwerbsbedingt erkennbar, andere Dienstleistungen wie Reinigungstätigkeiten dagegen nicht, weil sie – wiederum nach allgemeiner Verkehrsauffassung – selbst dann nicht zwingend anfallen, wenn alle Haushaltsmitglieder erwerbstätig sind.

Es gibt also kaum ökonomisch fundierte Argumente, mit denen die Forderung nach einer umfassenden, über das geltende Maß hinausgehenden Absetzbarkeit der Aufwendungen für familienunterstützende Dienstleistungen begründet werden könnte – jedenfalls soweit es um die erwerbsbedingten Werbungskosten beziehungsweise Betriebsausgaben geht. Aber auch die Absetzbarkeit im Rahmen anderer Ausgabearten – etwa als Sonderausgaben oder besondere Belastungen – dürfte kaum infrage kommen. Aus ökonomischer Sicht ist eine steuerliche Sonderbehandlung – beispielsweise analog zur erhöhten Absetzung für Abnutzung bestimmter, vom Gesetzgeber als förderungswürdig betrachteter Wirtschaftsgüter in den §§ 7a ff. EStG – abzulehnen. In der steuerlichen Gestaltung muss es darauf ankommen, Neutralität gegenüber dem von der Nachfrage konsumierten Güterbündel zu wahren. Eine Bevorzugung familienunterstützender Dienstleistungen ist ebenso wenig begründbar wie eine Bevorzugung beliebiger anderer Wirtschaftszweige.

Aus familienpolitischer Sicht kann hingegen argumentiert werden, dass familienunterstützende Dienstleistungen zur Entlastung von Familien beitragen und somit mittelfristig indirekt die Gründung und die Stabilität von Familien fördern. Über positive externe Effekte von Kindern für Wirtschaft und Gesellschaft kann daher eine steuerliche Förderung von Familien begründet werden, insbesondere wenn diese nicht als Einzelmaßnahme, sondern als Teil einer Gesamtstrategie aufgefasst werden kann, um die Wahlfreiheit zwischen verschiedenen Familienmodellen zu verbessern (Hülskamp/Seyda, 2004, 9 ff. und 35 ff.). Allerdings wird diese Umverteilung bereits mit vielen Maßnahmen vollzogen. So können Teile des Kindergeldes, Teile des Ehegattensplittings, der Ausbau der

Betreuungsinfrastruktur und die Absetzbarkeit von haushaltsnahen Dienstleistungen hierzu gerechnet werden. Letztere wird jedoch bisher nicht überwiegend von Familien in Anspruch genommen, sodass dieses Instrument nicht zielgruppenspezifisch wirkt.

Ausweitung von Minijobs und 1-Euro-Jobs

Geringfügige Beschäftigung ist für Anbieter und Nachfrager familienunterstützender Dienstleistungen eine attraktive Erwerbsform. Die Anbieter entgehen erstens der Notwendigkeit, Arbeitnehmerbeiträge zur Sozialversicherung zu entrichten. Angesichts des häufig ergänzenden Charakters der Erwerbstätigkeit (vgl. Abschnitt 2.1) und der Tatsache, dass sie die soziale Sicherung auf anderem Wege gewährleisten – zum Beispiel durch Mitversicherung beim Partner –, wird die damit verbundene Exklusion von den Leistungen der Sozialversicherung nicht als Verlust empfunden. So machen auch nur 250.000 von insgesamt 6,7 Millionen geringfügig Beschäftigten von der Möglichkeit Gebrauch, durch zusätzliche eigene Beiträge Anwartschaften in der Rentenversicherung zu erwerben (Knappschaft-Bahn-See, 2007). Zweitens ermöglicht diese Art der Nebenbeschäftigung – die über zwei Millionen der insgesamt rund sieben Millionen geringfügig Beschäftigten ausüben – das individuelle Arbeitsangebot auszudehnen, ohne die sonst anfallenden hohen Grenzbelastungen insbesondere in der Einkommensteuer tragen zu müssen.

Rein rechnerisch ist dagegen für die Nachfrager geringfügiger Beschäftigung kein Vorteil bezüglich der Abgabenlast vorhanden. Gewerbliche Arbeitgeber von geringfügig Beschäftigten zahlen einen Pauschalbeitrag von 30 Prozent des Bruttoeinkommens, was deutlich über den circa 20 Prozent liegt, die in einem normalen sozialversicherungspflichtigen Beschäftigungsverhältnis anfallen. So werden für einen geringfügig Beschäftigten mit 400 Euro Bruttomonatseinkommen 120 Euro Abgaben fällig. Wird die 400-Euro-Grenze unwesentlich überschritten, sinkt die Abgabenlast auf rund 80 Euro beziehungsweise die Arbeitskosten reduzieren sich von 520 auf 481 Euro. Zwar hat in diesem Fall auch der Arbeitnehmer einen Beitrag von 11,3 Prozent zu tragen, erhält im Gegenzug aber alle Leistungen der Sozialversicherung. Für den Arbeitgeber ist die geringfügige Beschäftigung daher mehr aus Gründen der Flexibilität und des geringeren bürokratischen Aufwands attraktiv. Anders ist es hingegen bei privaten Haushalten als Arbeitgeber, die mit 12 Prozent plus Unfallversicherung deutlich reduzierte pauschalierte Sozialversicherungsbeiträge für geringfügig Beschäftigte entrichten.

Da familienunterstützende Dienstleistungen überproportional häufig in der Form geringfügiger Beschäftigung erbracht werden, liegt der Gedanke nahe, mit einer durch eine geeignete Verbesserung der Rahmenbedingungen induzierten Ausweitung der geringfügigen Beschäftigung auch die familienunterstützenden Dienstleistungen selbst zu fördern. Durch den reduzierten Abgabensatz im Bereich der geringfügigen Beschäftigung in Privathaushalten gibt es bereits eine solche Förderung, und es wäre möglich, diese weiter auszubauen. So könnte beispielsweise der Abgabensatz für Privathaushalte noch einmal abgesenkt werden. Eine andere Möglichkeit bestünde darin, die Verdienstgrenze, bis zu der Beschäftigung als geringfügig gilt, nach oben auszudehnen. Letzteres kann auch für gewerblich geringfügig Beschäftigte erwogen werden. Eine Absenkung des Abgabensatzes wäre ebenfalls denkbar. Allerdings hat der Gesetzgeber diesen erst im Jahr 2006 von 25 auf 30 Prozent angehoben.

Die Senkung des Abgabensatzes würde den Abgabenkeil reduzieren und an zwei Stellen Anreize zur Aufnahme einer solchen Beschäftigung schaffen. Erstens steigt der Nettostundenlohn, sodass bei einer Reihe von Arbeitsanbietern der Reservationslohn – also der Lohn, den sie beanspruchen, um eine Stelle anzutreten – überschritten wird. In diesem Fall entsteht originär neue Beschäftigung. Zweitens sinken die Kosten einer Legalisierung von illegaler Beschäftigung, sodass unter sonst gleichen Bedingungen mit einem Wechsel aus Schwarzarbeit in legale geringfügige Beschäftigung zu rechnen wäre. Im Gegenzug nimmt allerdings für sozialversicherungspflichtig Beschäftigte der Anreiz zu, einer geringfügigen Beschäftigung nachzugehen. Dies wäre zwangsläufig mit einer Reduzierung des individuellen Arbeitsangebots verbunden. Der Saldo der Anreizwirkungen ist a priori nicht bestimmt. Fraglich erscheint aber auch generell, ob eine solche Maßnahme ordnungspolitisch vertretbar wäre. Letztlich handelt es sich bei der Reduzierung der Sozialversicherungsbeiträge um eine Subvention, die im Kern nicht ökonomisch begründet werden kann. Die privaten Haushalte leiden nicht unter den Folgen einer Marktstörung im Wettbewerb um Arbeitskräfte, mit der eine Subvention zumindest ansatzweise begründet werden könnte. Die bestehende Subvention noch auszuweiten hätte zur Folge, dass die Marktverzerrungen zunähmen und andere Wirtschaftszweige sich veranlasst sähen, ihrerseits Subventionen einzufordern.

Die Ausweitung der Geringfügigkeitsgrenze leidet im Kern am gleichen Problem. Die unterschiedliche Behandlung von geringfügig und sozialversicherungspflichtig Beschäftigten ist nur insoweit gerechtfertigt, als es sich bei den Minijobs um Beschäftigungsverhältnisse geringen Umfangs handelt, der eine uneingeschränkte Anwendung der Sozialbürokratie nicht rechtfertigt. Minijobs sind als flexible Ergänzung des Arbeitsmarktes notwendig. Eine substanzielle Heraufsetzung der Geringfügigkeitsgrenze zum Zweck der Ausweitung der Erwerbstätigkeit in dieser Beschäftigungsform geht von dieser Charakterisierung ab und würde zu adversen Effekten bei anderen Beschäftigungsformen führen. Wenn die Erkenntnis besteht, dass die Höhe der Sozialversicherungsbeiträge mehr Beschäftigung verhindert, müssen Anstrengungen unternommen werden, den Beitrag zu senken – aber für alle Beschäftigungsformen.

Abzulehnen ist auch eine Ausweitung von Beschäftigungsverhältnissen im weiteren Kreis des zweiten oder dritten Arbeitsmarktes, wie beispielsweise die 1-Euro-Jobs. Arbeitsmarktpolitische Instrumente müssen in erster Linie dem Zweck der Wiedereingliederung in den ersten Arbeitsmarkt dienen. Keinesfalls darf mit ihnen eine private Nachfrage nach Dienstleistungen befriedigt werden, die aus Gründen, die außerhalb der Einflussmöglichkeiten der Arbeitsmarktpolitik liegen, nicht bedient wird. Ein solcher Ansatz dürfte auch politökonomisch schwer zu vermitteln sein, denn im Kern würden Beitrags- oder Steuermittel aufgewendet, um die private Nachfrage eines nicht unterprivilegierten Kreises von Konsumenten zu subventionieren.

Abschaffung der kostenlosen Mitversicherung von Ehepartnern

Die kostenlose Mitversicherung von Familienmitgliedern in der gesetzlichen Krankenversicherung ist einer der Hauptfaktoren für die verzerrten Anreizstrukturen der Anbieter von familienunterstützenden Dienstleistungen. Denn den zusätzlichen Kosten, die bei einer sozialversicherungspflichtigen Beschäftigung in Form der Beitragspflicht auftreten, steht kein gleichwertiger Nutzen gegenüber. Zwar können Anwartschaften in der Renten- und Ansprüche gegenüber der Arbeitslosenversicherung begründet werden, aber in der Kranken- und Pflegeversicherung gehen – abgesehen vom Krankengeldanspruch – keine zusätzlichen Leistungsansprüche mit den fälligen Sozialabgaben einher. Viele Anbieter dürften sich auch deshalb für Schwarzarbeit entscheiden.

Die Problematik ist bei den familienunterstützenden Dienstleistungen besonders ausgeprägt, weil die Anbieter aufgrund des geringen Sozialprestiges und der oft körperlich anstrengenden Arbeit keine Vollzeitbeschäftigung, sondern lediglich einen Zuverdienst suchen (Görner, 2006, 22). Das zu beobachtende Profil der Anbieter stützt diese These. Eine Aufhebung der kostenlosen Mitversicherung in der Krankenversicherung stellt daher einen wesentlichen Schritt dar, um das legale Angebot an familienunterstützenden Dienstleistungen zu stärken. Eine Reform in diesem Bereich wäre ein grundlegender Schritt, um den Markt für Dienstleistungsagenturen zu öffnen, denn diese beklagen derzeit häufiger einen Mangel an geeignetem Personal als eine zu geringe Nachfrage der Haushalte (Weinkopf, 2003, 139 f.).

Nicht zuletzt deshalb wird die Umstellung des derzeitigen Beitragssystems auf eine Gesundheitsprämie vorgeschlagen (Pimpertz, 2003, 38 ff.). Grundsätzlich zahlt jeder Versicherte – unabhängig vom Einkommen – einen monatlichen Beitrag. Die monatliche Prämie ist dabei so hoch bemessen, dass die Summe aller Versichertenprämien die anfallenden Behandlungskosten innerhalb eines Tarifs deckt. Eine beitragsfreie Mitversicherung Erwachsener ist damit ausgeschlossen. Für die Versicherung der Kinder ergeben sich zwei Varianten. Entweder sind auch für Kinder Prämien zu zahlen – wie es derzeit in der privaten Krankenversicherung praktiziert wird. Dadurch verteilt sich das Ausgabenvolumen auf mehr Köpfe und die Prämie für den Einzelnen fällt niedriger aus. Familien mit zwei Kindern hätten dann im Grundmodell monatlich vier Pauschalprämien zu bezahlen, Single-Haushalte nur eine. Diese Finanzierung wäre versicherungsmathematisch sauber, würde aber die Familien stark belasten. Ein Ausgleich dieser Belastung der Familieneinkommen müsste – nicht zuletzt mit Blick auf die jüngste Rechtsprechung – über das Steuer-Transfer-System erfolgen. Oder man behält die beitragsfreie Mitversicherung der Kinder bei und der Ausgleich erfolgt innerhalb der Gemeinschaft der Kassenmitglieder statt über die Steuerzahler (Knappe/Arnold, 2002, 16 f.). Diese Variante erscheint, nicht zuletzt mit Blick auf die politische Akzeptanz, günstiger.

4.2 Förderung einzelner Anbietergruppen

Darüber hinaus gibt es verschiedene Ansätze und Bestrebungen, gezielter einzelne Beschäftigungsformen und Anbietergruppen zu fördern, um den Markt für haushaltsnahe Dienstleistungen attraktiver zu gestalten. Der unmittelbare Effekt dieser Maßnahmen ist dabei vielfach größer und zielgenauer, als bei allgemeinen steuerlichen Maßnahmen, allerdings leidet darunter häufig die Effizienz.

Selbstständige

Selbstständigkeit als Erwerbsform für Anbieter familienunterstützender Dienstleistungen wird bisher selten genutzt. Nur 5,4 Prozent der familienunterstützenden Dienstleister im Haupterwerb und 8,1 Prozent der Dienstleister im Nebenerwerb sind als Selbstständige gemeldet (vgl. Abschnitt 2.1). Von Interesse im Kontext der Schaffung und Legalisierung von Erwerbstätigkeit ist dabei vor allem die Existenzgründungsförderung für Arbeitslose. Das Instrument, mit dem die Bundesagentur für Arbeit Empfänger von Arbeitslosengeld I fördert, ist der sogenannte Gründungszuschuss (§ 57 SGB III). Demnach können Arbeitslose, die erstens die Tragfähigkeit ihres Geschäftskonzepts und zweitens ihre persönliche Eignung nachweisen, neun Monate lang eine Förderung in Höhe des Arbeitslosengeldes zuzüglich 300 Euro monatlich erhalten. Danach kann für weitere sechs Monate eine Förderung von 300 Euro monatlich gewährt werden, wenn „die geförderte Person ihre Geschäftstätigkeit anhand geeigneter Unterlagen darlegt".

Wer die erforderlichen Kenntnisse nicht vorweisen kann, muss für eine Teilnahme an einer vorbereitenden Maßnahme zur Verfügung stehen. Damit ähnelt der Gründungszuschuss stark dem „Überbrückungsgeld", aus dem er hervorgegangen ist. Die Gestaltung der Förderung setzt voraus, dass die selbstständige Tätigkeit nach neun Monaten sämtliche Kosten und den Lebensunterhalt trägt. Daher ist sie eher für Existenzgründer geeignet, die den Schritt gut vorbereitet haben, in der Selbstständigkeit die bevorzugte Erwerbsform sehen, die dauerhaft ausgefüllt werden soll und die im Wesentlichen über die erforderlichen Qualifikationen verfügen. Die wissenschaftliche Evaluation des Überbrückungsgeldes konnte positive Effekte nachweisen. Teilnehmer wiesen eine geringere Wahrscheinlichkeit auf, nach Ende der Förderung arbeitslos oder in einer neuen Maßnahme der Arbeitsagentur zu sein als eine Vergleichsgruppe (IAB et al., 2006).

Faktisch abgeschafft wurde dagegen der „Existenzgründungszuschuss" („Ich-AG"), der im Hartz-Konzept noch eine tragende Rolle bei der Arbeitsmarktintegration vor allem von Langzeitarbeitslosen spielen sollte. Die Förderung, die zunächst alle Arbeitslosen ohne besondere Voraussetzungen erhalten konnten, später aber nur noch nach Darlegung ihrer Geschäftspläne für Empfänger von Arbeitslosengeld I gewährt wurde, war deutlich anders gestaltet als das Überbrückungsgeld. Geförderte erhielten im ersten Jahr 600 Euro monatlich, im zweiten Jahr 360 und im dritten Jahr 240 Euro monatlich. Die Höhe der Förderung war somit in den meisten Fällen niedriger als beim Überbrückungsgeld, dauerte aber länger an. Damit war diese Form des Zuschusses vor allem für Existenzgründer interessant, die sich die erforderlichen Qualifikationen erst „on the job" aneignen mussten, ihre Selbstständigkeit zwar als Alternative zur Arbeitslosigkeit, nicht aber als bevorzugte Erwerbsform betrachteten, und die mit ihrem Geschäft keine hohen Einkommen erzielten. Obwohl viele mit dem Existenzgründungszuschuss Geförderten ihre Selbstständigkeit wieder aufgaben, wurde das Instrument von der Evaluation als erfolgreich beurteilt (IAB et al., 2006).

Erwerbstätige, die sich mit einer Existenzförderung der Bundesagentur für Arbeit im Bereich familienunterstützender Dienstleistungen selbstständig machen wollen, dürften eher von dem Existenzgründungszuschuss angesprochen werden als von dem Überbrückungsgeld beziehungsweise dem Gründungszuschuss. Insofern erweist sich die faktische Abschaffung des Instruments als nicht hilfreich. Erschwerend kommt hinzu, dass Empfänger von Arbeitslosengeld II von der Förderung weitgehend ausgeschlossen sind. Das grundsätzliche Problem der infrage kommenden Personen dürfte in den mangelnden betriebswirtschaftlichen Kenntnissen zu suchen sein, die zur erfolgreichen und dauerhaften Existenzgründung erforderlich sind. Erwerbstätige in familienunterstützenden Dienstleistungen sind überwiegend geringqualifiziert (vgl. Abschnitt 2.1). Das Qualifikationsprofil der Anbieter entspricht nicht dem eines typischen erfolgreichen Existenzgründers.

Wenn mithilfe von Existenzgründungen die legale Beschäftigung im Bereich familienunterstützender Dienstleistungen ausgebaut werden soll, reicht das existierende Förderinstrumentarium der Bundesagentur für Arbeit voraussichtlich nicht aus, besonders da es nicht auf Existenzgründungen von bisher nicht erwerbstätigen Personen ausgerichtet ist. Erforderlich sind nicht nur vorbereitende Qualifikationsmodule, in denen notwendiges betriebswirtschaftliches Wissen vermittelt wird. Erforderlich ist auch ein Förderinstrument, das dem Umstand Rechnung trägt, dass die Einkommen in dem Bereich niedrig und möglicherweise nicht existenzsichernd sind. Im Einzelfall dauert es deutlich länger als die neun Monate, die der Gründungszuschuss vorsieht, um ein bedarfsdeckendes Einkommen zu erzielen. Zu überlegen ist dabei, wie die Frage der sozialen Sicherung gelöst werden kann. Im Haupterwerb Erwerbstätige in familienunterstützenden Dienstleistungen weisen ein relativ hohes Durchschnittsalter auf, wodurch zum Beispiel eine private Krankenversicherung prohibitiv teuer wird. Allgemein dürfte die rein private Absicherung sozialer Risiken, wie sie für Selbstständige obligatorisch ist, für viele nicht ausreichend attraktiv sein, wenn nicht die im Abschnitt 4.1 vorgeschlagene Umstellung auf eine Gesundheitsprämie vorgenommen wird. Die im Rahmen des Existenzgründungszuschusses gefundenen Lösungen waren vor diesem Hintergrund problemadäquat.

Dienstleistungsagenturen

Dienstleistungsagenturen werden aus theoretischer Sicht immer wieder als ideale Lösung für den stark fragmentierten Markt der familienunterstützenden Dienstleistungen gesehen, konnten sich bislang aber am Markt nicht durchsetzen (Weinkopf, 2003). Sie bieten folgende Vorteile:

- Bündelung der stundenweisen Nachfrage zu sozialversicherungspflichtigen Vollzeitarbeitsplätzen,
- Qualifizierungsangebote für das Personal,
- Ansprechpartner in Konfliktfällen für Personal und Haushalte,
- Vorauswahl und Beaufsichtigung des Personals,
- Erhöhung der Zuverlässigkeit der Dienstleistungserbringung für die Haushalte,

- Qualitative Weiterentwicklung des Marktes für familienunterstützende Dienstleistungen durch ein breiteres Dienstleistungsportfolio.

Demgegenüber sind die Kosten von Dienstleistungsagenturen pro Stunde deutlich höher als die Angebote von Minijobbern, Selbstständigen oder Schwarzmarktanbietern. Zusätzlich zu den Nettoarbeitskosten fallen folgende Kosten an:

- Abgaben für die Sozialversicherung der Angestellten,
- Mehrwertsteuer,
- Overheadkosten für die Rekrutierung des Personals und die Organisation der Einsätze.

Seit 2006 können zwar 20 Prozent der Kosten bis zu 600 Euro im Jahr von der Steuer abgesetzt werden. Aber dies ist kaum mehr als die fällige Mehrwertsteuer von 19 Prozent. In Konkurrenz mit dem Schwarzmarkt und angesichts der geringen Zahlungsbereitschaft für familienunterstützende Dienstleistungen können diese Agenturen daher nur eine Marktnische abdecken. Sie sind jedoch aufgrund der hohen Kosten von über 18 Euro pro Stunde keine etablierte Konkurrenz. Ab 2009 wird die steuerliche Obergrenze auf 4.000 Euro angehoben. Damit werden Dienstleistungsagenturen deutlich stärker gefördert als bisher.

Zur weiteren Förderung der Dienstleistungsagenturen könnten, wie bisher in Modellversuchen praktiziert, Teile der Overheadkosten bezuschusst, generelle Subventionen eingeführt oder als Steuervergünstigung die Mehrwertsteuer für diesen Wirtschaftsbereich gesenkt oder erlassen werden (vgl. Abschnitt 1.5). Die bisherigen Evaluationen der Modellversuche und die Erfahrungen aus Dänemark deuten aber darauf hin, dass eine zeitlich begrenzte Subventionierung zur Etablierung des Marktes wenig erfolgversprechend ist. Es muss daher mit einer dauerhaften Subventionierung gerechnet werden, die es zu begründen gilt. Externe Effekte können zwar für Kinder und damit für die Förderung von Familien, jedoch nicht generell für die Inanspruchnahme von familienunterstützenden Dienstleistungen angenommen werden. Ein arbeitsmarktpolitisches Interesse der Allgemeinheit an der Förderung von familienunterstützenden Dienstleistungen ist ebenfalls fraglich. Die Schaffung von Arbeitsplätzen für Geringqualifizierte oder Berufsrückkehrer nach langen Auszeiten scheint zwar angesichts der geringen fachlichen Anforderungen möglich, eine allgemeine Förderung von Dienstleistungsagenturen wäre hierfür jedoch nicht die geeignete Maßnahme. Eine Steuervergünstigung in Form einer niedrigeren Mehrwertsteuer für familienunterstützende Dienstleistungen würde die Frage aufwerfen, warum nicht auch andere Bereiche – die unter der Schwarzmarktkonkurrenz leiden – entlastet werden. Es würde in diesem Fall eine weitere Ausnahme im Steuersystem geschaffen, anstatt etwas an den grundsätzlichen Kostenproblemen durch die hohen Abgaben auf den Faktor Arbeit zu ändern.

Die beste Unterstützung von Dienstleistungsagenturen scheint daher nicht in einer direkten Subventionierung, sondern im Abbau der Anreizverzerrungen des Marktes zu bestehen, sodass die Schwarzarbeit zurückgedrängt wird und sich höhere Preise für diese Dienstleistungen durchsetzen lassen. Eine Verringerung des Abgabenkeils würde hierzu entscheidend beitragen.

Immigranten

Im Grundsatz bietet das deutsche Zuwanderungsrecht nur sehr restriktive Möglichkeiten der Zuwanderung zum Zweck der Erwerbstätigkeit. Die bestehenden Optionen zielen im Wesentlichen auf die Attrahierung Hochqualifizierter. Der Aufenthalt zum Zweck der Erwerbstätigkeit ist in den §§ 18 bis 21 des Aufenthaltsgesetzes geregelt. § 18 in Verbindung mit der Beschäftigungsverordnung eröffnet Zuwanderungswege für bestimmte Berufsgruppen, die keine abgeschlossene Berufsausbildung beziehungsweise keine akademischen Qualifikationen vorweisen können. Demnach kann die Bundesagentur für Arbeit in folgenden Fällen einem Aufenthaltstitel zustimmen:

- Au-pair-Beschäftigte unter 25 Jahren,
- Haushaltshilfen für Haushalte mit Pflegebedürftigen für eine Höchstdauer von drei Jahren in Absprache mit der Arbeitsverwaltung des Entsendelandes,
- Sozialarbeiter für ausländische Arbeitnehmer und ihre Familien und
- Pflegekräfte in Absprache mit der Arbeitsverwaltung des Entsendelandes.

Diese Zustimmung wird nicht automatisch erteilt. Vielmehr ist in § 39 des Aufenthaltsgesetzes festgelegt, durch eine Vorrangprüfung nachzuweisen, dass für die vorgesehene Beschäftigung keine einheimischen Arbeitskräfte zur Verfügung stehen. Weiterhin ist erforderlich, dass sich keine nachteiligen Auswirkungen auf den deutschen Arbeitsmarkt „insbesondere hinsichtlich der Beschäftigungsstruktur, der Regionen und der Wirtschaftszweige" ergeben und dass die ausländischen Arbeitnehmer nicht zu ungünstigeren Bedingungen beschäftigt werden als einheimische. Die objektive Bewertung der genannten Punkte ist kaum möglich, sodass sich für die Bundesagentur für Arbeit erhebliche diskretionäre Entscheidungsspielräume ergeben. Eine generelle Zuwanderungsmöglichkeit für Erwerbstätige in familienunterstützenden Dienstleistungen besteht also nicht. Allenfalls Pflege- und Au-pair-Kräfte können in Deutschland erwerbstätig werden, wobei dies von der Entscheidung nachgeordneter Behörden anhand undurchsichtiger Kriterien abhängt. Eine planbare und vor allem für Immigranten attraktive Perspektive ergibt sich daraus nicht.

Anzuerkennen ist, dass die Zuwanderung nach Deutschland so gesteuert werden sollte, dass daraus der größtmögliche dauerhafte ökonomische Nutzen gezogen werden kann. Das bedeutet, dass in der Regel der Zuwanderung Hochqualifizierter der Vorzug gegeben werden sollte (Schäfer, 2008). Demgegenüber ist die Arbeitslosenquote Geringqualifizierter so hoch (Reinberg/Hummel, 2007), dass kein zusätzlicher Bedarf an Zuwanderung besteht, zumal diese kein Ersatz für eine fehlgeleitete Anreizsystematik im Bereich einfacher Dienstleistungen ist.

Zu überlegen ist jedoch, einen einmal festgestellten Zuwanderungsbedarf, etwa im Pflegebereich, einfacher und schneller zu realisieren, indem das bürokratische und unvorhersehbare Verfahren mehr regel- und weniger einzelfallbasiert wird. Eine stärkere Regelbindung, zum Beispiel im Rahmen eines Punktesystems, würde die Entscheidung über die Zustimmung zu einem Aufenthaltstitel deutlich transparenter werden lassen und für die Zuwanderer zu einer höheren Planbarkeit des Immigrationsprozesses führen. Das Ergebnis wäre eine größere Zahl Zuwanderungswilliger und somit eine höhere Humankapitalintensität.

4.3 Förderung der Marktentwicklung

Statt die Anbieter zu fördern, kann auch die Nachfrage nach haushaltsnahen Dienstleistungen erleichtert werden. Dazu dienen in erster Linie Gutscheine, welche die Position und Macht der Nachfrager stärken. Transparentere Märkte und die Eindämmung der Schwarzarbeit können ebenfalls zu einer Ausweitung der (legalen) Nachfrage führen.

Gutscheinsysteme

Der Einsatz von Gutscheinen wird von wissenschaftlicher Seite seit rund 50 Jahren in der Bildungs- und Sozialpolitik propagiert: Ziel ist es, staatliche Leistungen effizienter und bedarfsgerechter anzubieten und eine optimale Mischung aus staatlicher Lenkung, wirtschaftlicher Bereitstellung und Wahlfreiheit zu finden. Eine Vielzahl von theoretischen Beiträgen der letzten Jahre befasst sich mit den Problemen, den Konsequenzen und der praktischen Umsetzung von Gutscheinmodellen. In Deutschland ist das Konzept bisher von der Politik – mit Ausnahme des Familienministeriums – allerdings kaum aufgegriffen worden, obwohl es in zahlreichen Anwendungsbereichen – wie bei sozialen Dienstleistungen – Hinweise darauf gibt, dass staatliche Eingriffe mittels Gutscheinen effizienter und zielgenauer erfolgen können als durch direkte staatliche Bereitstellung oder eine Objektförderung. Auch in der betrieblichen Praxis spielen Gutscheine hierzulande – zum Beispiel im Bereich der Mittagsverpflegung –

Mögliche Einsatzfelder für Gutscheine

Dienst- leistungen	Einrichtungen/ Bereitstellung	Mögliche Finanzierungsart	Probleme
Altenhilfe (Pflege, Wohnen, Be- ratung, Essen)	Altenheime/Altenwohn- heime, Pflegeheime, Tages- stätten, ambulante Dienste, Mahlzeitendienste	Privat, Sozialkassen, Ver- sicherungen, Gutscheine von Versicherungen, Sozial- ämtern bei Bedürftigkeit	Qualitätssicherung, Erfahrungsgut, Informationsasymmetrie
Behinderten- hilfe	Behindertenheime/-werk- stätten, Sonderschulen/ -Kitas, Beratungsstellen	Privat, Sozialkassen, persönliches Budget	Eingeschränkte Konsumenten- souveränität
Kinder- und Jugendhilfe	Kitas, Jugend-/Kinder- wohnheime, Jugendberufs- hilfe, Beratungsstellen	Privat, Gutscheine	Externalitäten durch Prä- vention, Zwang, Zweck- bindung ggf. notwendig
Hilfe für Personen in besonderen Lebenslagen	Beratungsstellen für Familie, Verbraucher, Erziehung, Jugend, Drogen- und Sucht- kranke, Heime, Bahnhofs- mission, Flüchtlingsheime	Privat, staatliche Subven- tionen, Subventionen zur Prävention, Beratungs- gutscheine oder Medika- mente auf Gutschein	Positive externe Effekte, Informations- asymmetrien

Quelle: Enste/Stettes, 2005, 65

anders als in einigen europäischen Ländern bisher faktisch nur eine untergeord- nete Rolle. Es gibt zahlreiche Bereiche, in denen die Einführung von Gutscheinen sinnvoll ist. Übersicht 3 bietet einen Überblick über ihre möglichen Einsatz- felder.

In einer umfangreichen Untersuchung der Effekte eines verstärkten Einsatzes von Gutscheinen als Instrument sowohl der öffentlichen Sozialpolitik wie der betrieblichen Personalpolitik (Enste/Flüter-Hoffmann, 2008) konnte unter ande- rem ermittelt werden,

- welche sozialpolitischen Leistungen sich mit Gutscheinen effizienter (kosten- günstiger und qualitativ hochwertiger) als bisher anbieten lassen und
- welche volkswirtschaftlichen Effekte ein verstärkter Einsatz von Gutscheinen auslösen kann.

Die volkswirtschaftlichen Gesamteffekte der Einführung von Gutschein- systemen wurden mit dem Ziel der Abschätzung einer Effizienzrendite ermittelt, die sich im Wesentlichen aus folgenden Teileffekten zusammensetzt:

- **Bürokratiekosten:** Kurzfristig ist durch die Umstellung der bestehenden Systeme zwar mit hohen Einführungskosten zu rechnen. Mittel- bis langfristig ergeben sich jedoch deutliche Einspareffekte (J-Kurveneffekt).
- **Qualität:** Durch die Restrukturierung bei Finanzierung und Angebot ist über- gangsweise mit geringfügigen Qualitätseinbußen zu rechnen, die aber im Zeit- ablauf schnell mehr als ausgeglichen werden.

- **Wahlfreiheit:** Unmittelbar positiv beeinflusst werden – bei entsprechender Bereitstellung von Informationen und gegebenenfalls Infrastruktur – Auswahl, Vielfalt, Kreativität und Innovation der Angebote.
- **Effektivität:** Für den Staat bieten sich Vorteile durch die Differenzierung nach Bedürftigkeit, Höhe und Art der Leistungen, sodass einzelne Gruppen zielgenau gefördert werden können. Dazu gehören Sprachförderkurse, bedürftigkeitsgemäßer Stundenumfang für die Kinderbetreuung oder auch die bessere Ernährung durch Schulessen. Damit wird die Chancengerechtigkeit erhöht und die Gleichbehandlung aller entsprechend der Bedürftigkeit sichergestellt. Mitnahmeeffekte und überflüssige Angebote werden hingegen vermieden.
- **Gesamtwirtschaftliche Effekte:** Positiv wirken sich Gutscheine letztlich auch auf Beschäftigung und Wachstum aus – nicht zuletzt durch die Verringerung der Schwarzarbeit aufgrund von Legalisierungseffekten und einer Verringerung der Regulierungsdichte.

Alle genannten Effizienzbausteine zusammen addieren sich zu einer Reformdividende, die je nach Bereich schätzungsweise zwischen 5 und 30 Prozent liegt. Basierend auf den jeweiligen Transfervolumina in den Bereichen Kinderbetreuung, Pflegeleistungen, Behindertenhilfe sowie Leistungen im Bereich der Grundsicherung entspricht dies umgerechnet Effekten in Höhe von bis zu 4,7 Milliarden Euro durch Qualitätsverbesserungen und Kosteneinsparungen.

Die umfangreichen Analysen und die Vielzahl an Einzelergebnissen sind in Übersicht 4 zusammenfassend dargestellt, wobei die komplexen Zusammenhänge im Bereich der Sozialen Dienstleistungen natürlich nur grob vereinfacht skizziert werden können. Eine systematische Umstellung des Angebots sozialer Dienstleistungen in allen Bereichen würde nach Schätzungen von Enste/Flüter-Hoffmann (2008) mittelfristig eine Reformrendite innerhalb einer Bandbreite von 2,6 bis 12,5 Milliarden Euro ermöglichen.

Das genaue Ausmaß der Effekte hängt stark von der Art der Ausgestaltung der Gutscheine ab und bedarf auch einer weiteren empirischen Überprüfung durch Experimente oder die Evaluation von Gutschein- beziehungsweise Quasigutscheineinführungen, wie sie zum Beispiel bereits in Hamburg, Berlin und einigen westdeutschen Kommunen möglich sind. Insbesondere müssen Kostenersparnis und Qualitätsveränderungen simultan erhoben werden, um den häufig vorgebrachten Vorwurf, die Kostenersparnis gehe zulasten der Qualität, entkräften zu können. Vor allem parallel durchgeführte Budgetreduktionen dürfen dem Gutscheinsystem dabei nicht als Nachteil angelastet werden. Weitergehende empirische Überprüfungen wie beispielsweise in Form von Modellversuchen sowie eine ökonometrische Analyse der Daten aus Hamburg, Berlin oder Bayern im

Konsequenzen und Reformdividenden von Gutscheinen

Effizienzbaustein	Kinderbetreuung	Pflege[1]	Behindertenhilfe[1]	Grundsicherung[2]
1. Produktionseffizienz				
Theoretische Wirkungserwartung	+++	+++	+++	+++
Bürokratiekosten				
– kurzfristig	–––	x	–	+
– langfristig	+++	x	x	+
Kosten (allgemein)	++	x	x	x
Qualität				
– kurzfristig	–	x	x	++
– langfristig	++	x	x	++
2. Allokationseffizienz				
Theoretische Wirkungserwartung	++	++	++	++
Wahlfreiheit	++	+	+	++
Innovationsdruck	x	x	x	x
3. Effektivität				
Theoretische Wirkungserwartung	++	++	++	++
Differenzierung (Einzelfallgerechtigkeit)	+	x	++	+
Partizipationsgerechtigkeit	–	x	x	–
Gleichbehandlung	+++	x	x	x
4. Volkswirtschaftliche Effekte				
Beschäftigung	++	x	x	x
Wachstum	0	x	x	x
Bekämpfung der Schattenwirtschaft	++	++	x	x
5. Transfervolumen				
in Millionen Euro	18.840	10.790	11.290	11.130
6. Reformdividende				
in Prozent	5 bis 25	5 bis 25	5 bis 30	5 bis 15
in Millionen Euro	942 bis 4.710	540 bis 2.697	564 bis 3.387	556 bis 1.670

Basis für Bewertung: [1] Modellversuche, [2] Vermittlungsgutscheine;
+ = positive Effekte; 0 = neutral; – = negative Effekte; x = keine Daten.
Eigene Zusammenstellung und Einschätzung

Bereich der Kinderbetreuungslösungen wären wünschenswert. Basierend auf der umfangreichen theoretischen Literatur könnten so die tatsächlichen empirischen Folgen der Einführung von Gutscheinsystemen nachhaltiger überprüft werden.

In einigen europäischen Ländern sind Dienstleistungsgutscheine eingeführt worden, um einerseits Anreize für die Belebung des legalen Dienstleistungsmarktes zu bewirken und andererseits bürokratische und finanzielle Hürden zu senken. Gutscheine für Haushaltsdienstleistungen können zu einem günstigen Preis erworben werden, dennoch sind Steuern und Sozialabgaben darin bereits enthalten. In den nordeuropäischen Ländern standen nicht nur die Steuersenkungen und Beihilfen als Anreize für bestimmte Dienstleistungen im Vordergrund, sondern man wollte vor allem die Haushalte dazu bewegen, die von ihnen beschäftigten Personen offiziell als Erwerbstätige registrieren zu lassen.

Einen Überblick über den Einsatz von Gutscheinsystemen im Bereich der familienunterstützenden Dienstleistungen im Ausland bieten Eichhorst/Tobsch (2007). Exemplarisch für die konkrete Umsetzung sei hier kurz das belgische System skizziert: Die belgische Regierung führte im Januar 2000 ein Gutscheinsystem für den Dienstleistungsbereich ein, vor allem für arbeitsintensive Tätigkeiten wie Malern und Tapezieren. Mit dieser Maßnahme sollten Arbeitsplätze insbesondere für weniger qualifizierte Arbeitnehmer geschaffen und ein Teil der Schwarzmarktarbeit durch Lohnarbeit sowie Dienstleistungen mit garantierter Qualität ersetzt werden. Der Dienstleistungsscheck ist eine Zahlungsanweisung des Unternehmens, das den Scheck ausstellt. Mit finanzieller Unterstützung der Föderalregierung und der Region können natürliche Personen, die solche Gutscheine erhalten, diese zur Bezahlung der von einem zugelassenen Unternehmen auf lokaler Ebene durchgeführten Arbeiten oder erbrachten Dienstleistungen nutzen. Eine ausführliche Darstellung unterschiedlicher Gutscheinsysteme zahlreicher Länder (darunter Australien, Finnland, Österreich, Frankreich und das Vereinigte Königreich) zum Beispiel für den Pflege- oder Kinderbetreuungsbereich findet sich in Enste/Flüter-Hoffmann (2008, 37 ff.). Diese Erfahrungen zeigen, dass Gutscheinsysteme bei entsprechender Ausgestaltung helfen können, das Ziel einer effizienten und effektiven Sozial- und Familienpolitik besser zu erreichen.

Andere Untersuchungen deuten hingegen darauf hin, dass eine deutliche Ausweitung von familienunterstützenden Dienstleistungen mittels Gutscheinsystemen langfristig hoher Subventionen bedarf (Eichhorst/Tobsch, 2007). So werden in Frankreich de facto die Sozialabgaben komplett vom Staat übernommen. In Dänemark wurde von 1995 bis zur Reform 2004 die Hälfte der Lohnkosten bezuschusst. Eine Rückführung der Subventionen nach fast zehn Jahren führte zu einem drastischen Einbrechen des Marktes. Die Zahl der registrierten Dienstleistungsanbieter hat sich seit 2004 halbiert, die Nachfrage der Haushalte ging um 83 Prozent zurück. Bleibt die Anreizverzerrung zu Schwarzmarktarbeit weiter bestehen, so wird die Etablierung eines Marktes für familienunterstützende Dienstleistungen auch in Deutschland zu hohem Subventionsbedarf führen, was sowohl ordnungspolitisch als auch ökonomisch gegenüber der Gesellschaft nicht gut gerechtfertigt werden kann (vgl. Abschnitt 4.1).

Schaffung transparenter Vermittlungsstrukturen

Der Markt für familienunterstützende Dienstleistungen ist sehr intransparent. 72 Prozent der Personen, die bereits einmal eine Haushaltshilfe in Anspruch genommen haben, gaben bei einer Befragung an, dass es sehr schwer oder schwer sei, eine gute Haushaltshilfe zu finden, nur 3 Prozent waren der Ansicht, dies sei gar nicht schwer (Allensbach, 2008, 10). Dabei umfasste die Frage implizit sowohl die Suche nach einer legalen als auch nach einer illegalen Haushaltshilfe. Während Schwarzmarktangebote über Empfehlungen von Bekannten, Aushängen an Schwarzen Brettern, in Supermärkten oder in Kleinanzeigen von Tageszeitungen oder Internetmedien zu finden sind, existiert keine etablierte Vermittlungsplattform für legale Anbieter von familienunterstützenden Dienstleistungen. Das Internetangebot an Vermittlungsplattformen ist stark fragmentiert, eine zentrale Plattform hat sich bisher nicht durchsetzen können. Auch die anekdotische Evidenz stützt immer wieder die Überzeugung, dass es für Privathaushalte sehr schwer ist, eine legale Hilfe zu finden.

Einzelne selbstständige Anbieter oder Dienstleistungsagenturen müssen erst im Markt bekannt werden. Eine zentrale Anlaufstelle könnte daher helfen, Angebot und Nachfrage zusammenzuführen. Vermittlungsdienste werden bisher aber eher für spezielle Nischenprodukte und nicht für den gesamten Markt angeboten (GIB, 2007, 10). So richten sich Vermittlungsagenturen häufig an Unternehmen oder an Haushalte mit hohem Einkommen, die sozialversicherungspflichtige Hausangestellte suchen. Für die Mehrheit der Haushalte, die lediglich eine Hilfe für wenige Stunden in der Woche benötigt, gibt es keine etablierten Vermittlungsangebote. Problematisch ist hierbei auch die geringe Zahlungsbereitschaft der Haushalte, welche die für Vermittlungsdienste anfallenden Kosten häufig nicht akzeptieren (GIB, 2007, 11 ff.). Diese Kosten sind umso höher, je mehr Ansprüche an die Qualität der vermittelten Personen und damit an die Vorarbeiten der Personalrekrutierung durch den Vermittlungsdienst gestellt werden.

Mit Blick auf die Zielgruppe Familien empfiehlt sich eine zweigeteilte Strategie. Einerseits könnte das Familienministerium eine zentrale Internetplattform für diese Dienste aufbauen oder eine vorhandene private fördern, sie entsprechend verlinken und bewerben. Hier sollten lediglich die Marktangebote gebündelt werden, eine Vorauswahl findet nicht statt, um die Kosten für diese Plattform möglichst niedrig zu halten. Eine qualitativ anspruchsvolle Vermittlung sollte andererseits über die Dienstleistungsagenturen angeboten und damit von den

Nutzern finanziert werden. Die Unterstützung des Staates begrenzt sich damit auf die Schaffung und Bewerbung einer zentralen Vermittlungsstelle im Internet, bei der auch Dienstleistungsagenturen ihre Dienste anbieten können. Bisher werden haushaltsnahe Dienste überwiegend von Seniorenhaushalten genutzt (GIB, 2007). Für diese Nutzergruppe wäre anstelle der virtuellen Vermittlung eine reale Vermittlungsstelle hilfreich. Diskutiert wurde bereits die Einbindung der Knappschaft-Bahn-See (KSB), welche die Sozialversicherungsbeiträge der Minijobber zentral einzieht. Die KSB verfügt aber nicht über die Personalrekrutierungserfahrung, die von einer Vermittlungsagentur gefordert würde und ist zudem wenig bekannt (GIB, 2007, 13 f.). Die Bundesagentur für Arbeit (BA) scheint hingegen besser geeignet, die Vermittlung von familienunterstützenden Dienstleistungen zu übernehmen. Sie verfügt neben der Personalrekrutierungskompetenz über einen hohen Bekanntheitsgrad in der Arbeitsvermittlung und ist flächendeckend vor Ort vertreten. Sollten nach den Vorschlägen des Kompetenzzentrums für familienbezogene Leistungen lokale Familienbüros eingerichtet werden, so würden sich auch diese als Anlaufstelle für die Vermittlung von familienunterstützenden Dienstleistungen eignen. Angesichts der zunehmenden Nutzung des Internets auch unter den höheren Altersgruppen ist es aber grundsätzlich fraglich, ob die deutlich höheren Kosten einer realen Vermittlungsstelle gegenüber einer Internetplattform gerechtfertigt sind.

Intensivierung der Strafverfolgung

Grundsätzlich ist es denkbar, dass der Staat auf eine Intensivierung der Strafverfolgung setzt, um die Legalisierung von Schwarzarbeit zu erzwingen. Politiker und Bürokraten sehen häufig nur in schärferen Sanktionen, verstärkten Razzien und härteren Strafen einen Weg zu deren Bekämpfung. Verstöße gegen das Gesetz zur Bekämpfung der Schwarzarbeit werden seit 1957 verfolgt, seit 1975 als Ordnungswidrigkeit behandelt und seit dem 1. August 2002 mit Geldbußen bis zu 300.000 Euro, bei illegaler Beschäftigung bis zu 500.000 Euro geahndet. Schwarzarbeit wird teilweise nicht mehr nur als Ordnungswidrigkeit, sondern als Straftat eingestuft und die Verfolgungszuständigkeit ist von der Bundesagentur für Arbeit auf die Zollbehörde (Finanzkontrolle Schwarzarbeit – FKS) übertragen worden – verbunden mit einer Aufstockung der Arbeitskräfte bis zum Jahr 2007 auf rund 6.500 Personen und Kosten von rund 480 Millionen Euro pro Jahr. Die ursprünglich vorgesehene Beschäftigtenzahl von 7.000 wurde aus Kosteneinsparungsgründen nicht erreicht (vgl. Enste/Schneider, 2007).

Trotz dieser drastischen Strafverschärfung und des zunehmenden Personal- und Ressourceneinsatzes werden aber nur unverhältnismäßig mehr Ermittlungsverfahren eingeleitet. Die FKS hat mit der paradoxen Situation von steigenden Ausgaben für die Bekämpfung der Schwarzarbeit und einer sinkenden Zahl der Ermittlungsverfahren zu kämpfen. Auch die Bußgeldeinnahmen verbleiben auf niedrigem Niveau: Wenngleich die Höhe der verhängten Bußgelder gestiegen ist, hat sich der Anteil der tatsächlich gezahlten Verwarn- und Bußgelder im Laufe der Zeit von 75 Prozent im Jahr 1990 innerhalb von acht Jahren auf unter 25 Prozent verringert und ist seitdem nahezu gleichgeblieben beziehungsweise nach neuesten Erkenntnissen sogar weiter gesunken. Ein Prüfbericht des Bundesrechnungshofs bemängelt die geringe Effektivität der FKS (Bundesrechnungshof, 2008). Eine Verschärfung der Strafverfolgung scheint daher kein aussichtsreicher Weg zur Legalisierung des Marktes für familienunterstützende Dienstleistungen zu sein. Derzeit entscheiden sich rund 95 Prozent der Nachfrager nach haushaltsnahen Dienstleistungen noch für Schwarzarbeit (vgl. Abbildung 2). Hier können härtere Strafen und mehr Kontrollen offensichtlich nur wenig ausrichten.

4.4 Zusammenfassende Bewertung

Die vorgeschlagenen Maßnahmen zur Weiterentwicklung und Ausweitung des Marktes für familienunterstützende Dienstleistungen zielen auf eine Legalisierung der heute in Schwarzarbeit erbrachten Dienste und die verstärkte Etablierung ihrer Inanspruchnahme. An erster Stelle steht die Verringerung des Abgabenkeils. Eine Reform der Steuer- und Abgabenpolitik mit dem Ziel, die Differenz zwischen brutto und netto nachhaltig zu verringern, würde die Nachfrage nach familienunterstützenden Dienstleistungen stärken und überdies die richtigen Anreize setzen, das legale Angebot zu erhöhen. Insbesondere könnten damit Dienstleistungsagenturen ihre höheren Preise am Markt einfacher durchsetzen und zu einer qualitativ positiven Entwicklung des Marktes beitragen.

Die bestehende steuerliche Förderung der Nachfrage sollte mittelfristig auf ein Gutscheinsystem umgestellt werden, da dieses mit geringeren Kosten zielgenauer einsetzbar ist. Beispiele aus dem Ausland – insbesondere aus Dänemark und Frankreich – belegen, dass über Gutscheine die Inanspruchnahme von familienunterstützenden Dienstleistungen deutlich gesteigert werden kann. Sie zeigen aber auch, dass in hohem Maße und dauerhaft Subventionen erforderlich sind. Ähnliches gilt für die Ausweitung von Subventionen über eine erhöhte steuerliche Absetzbarkeit oder die Förderung von Mini- oder 1-Euro-Jobs. Hier werden lediglich Steuergelder mit dem Ziel umverteilt, die allgemeine hohe Abgabenlast in diesen speziellen Bereichen zu mindern. Es stellt sich die Frage, ob eine solche Umverteilung gerechtfertigt sein kann. Da weder Marktversagen noch externe Effekte in diesem Bereich nachgewiesen werden können, kann die Förderung nur mit einer verbesserten Zeitpolitik für Familien begründet werden, von der wiederum die Kinder profitieren. Die Politik sollte daher alle Maßnahmen gezielt auf Familien ausrichten und ein mögliches Gutscheinsystem auf diese Zielgruppe beschränken.

Sinnvoll scheint in jedem Fall die Förderung von Selbstständigkeit als legale Beschäftigungsform für familienunterstützende Dienstleistungen und die Unterstützung einer internetbasierten Marktplattform für legale Anbieter und Nachfrager, um die Markttransparenz zu erhöhen. Eine Abschaffung der kostenlosen Mitversicherung von Ehepartnern in der Krankenversicherung würde zudem wirkungsvoll die Attraktivität einer legalen Beschäftigung für Anbieter von familienunterstützenden Dienstleistungen erhöhen und entscheidend zum Aufbau eines legalen Marktangebots beitragen. Ebenfalls auf der Anbieterseite würde eine Reform der Bestimmungen für die Arbeitserlaubnis von Ausländern greifen. Es sollten Maßnahmen geprüft werden, um Arbeit in Privathaushalten als Einstieg in ein legales Berufsleben zu nutzen und eine erfolgreiche Integration von Einwanderern zu ermöglichen. Derzeit haben viele Immigranten keine Alternative zur Schwarzarbeit. Eine Intensivierung der Strafverfolgung von illegaler Arbeit im Haushalt verspricht nach den bisherigen Erfahrungen hingegen wenig Aussicht auf Erfolg. Sie ist teuer und ineffizient. Zudem mangelt es derzeit an einem öffentlichen Unrechtsbewusstsein bezüglich der Schwarzarbeit in Privathaushalten, sodass eine solche Maßnahme politisch schwer durchsetzbar wäre.

 # Fazit und Ausblick

Familienunterstützende Dienstleistungen können dazu beitragen, den Zeitstress in Familien zu mindern und die Vereinbarkeit von Beruf, Familie und Hausarbeit in der „Rushhour" des Lebens zu verbessern. Die Politik hat daher im Sinne der angestrebten umfassenden Förderung von Familien durch Geld-, Infrastruktur- und Zeitmaßnahmen ein Interesse an der Verbreitung dieser Dienstleistungen und bereits mit verschiedenen Instrumenten versucht, ihre Inanspruchnahme zu fördern. Die vorliegende Analyse hat jedoch gezeigt, dass der Markt für familienunterstützende Dienstleistungen in Deutschland im Vergleich zum europäischen Ausland weiterhin unterentwickelt und intransparent ist und zudem von Schwarzarbeit dominiert wird.

Der beobachtete hohe Anteil an Schwarzarbeit lässt sich neben den geringen moralischen Vorbehalten in der Bevölkerung vor allem durch verzerrte Anreizstrukturen auf der Anbieterseite erklären. Die Vorteile einer sozialversicherungspflichtigen Beschäftigung haben viele Anbieter schon über andere Wege erreicht. So führen die kostenlose Mitversicherung der Ehepartner und der hohe Abgabenkeil zusammen mit geringen Aufdeckungsquoten dazu, dass Schwarzarbeit insbesondere für verheiratete Dienstleister attraktiver ist als Formen der legalen Beschäftigung im Haushalt. Für die nachfragenden Haushalte besteht hingegen durch die vermutete höhere Vertrauenswürdigkeit von legalen Anbietern, die Absicherung bei Unfällen und vor allem die Möglichkeiten der steuerlichen Absetzbarkeit von haushaltsnahen Dienstleistungen bei einer bestimmten Preisgestaltung ein Interesse an legalen Beschäftigungsverhältnissen, das aber oftmals nicht durch ein entsprechendes Angebot gedeckt werden kann.

Eine Analyse anhand der SOEP-Daten hat das Profil der Anbieter und Nachfrager von familienunterstützenden Dienstleistungen umrissen. Die Anbieter sind überwiegend ältere, verheiratete Frauen, ein auffallend hoher Anteil ist aber auch geschieden oder alleinerziehend. Das verfügbare Einkommen in den Haushalten der Anbieter liegt deutlich unter dem in anderen Berufen und die erworbenen Bildungsabschlüsse sind niedriger. Der Markt für familienunterstützende Dienstleistungen erweist sich damit als Arbeitsmöglichkeit für Personen mit fachlich geringen Qualifikationen. Allerdings stellen die Tätigkeiten oft höhere Anforderungen an die Sozialkompetenz und körperliche Belastbarkeit der Dienstleister und sind daher nicht für alle Arbeitsuchenden geeignet. Geringfügige Beschäftigung kommt bei den haushaltsnahen Dienstleistungen häufiger vor als in anderen Berufen. Die wöchentliche Arbeitszeit ist entsprechend geringer als im Durchschnitt aller Berufe. Wird die Dienstleistung nur als Nebenerwerb angeboten, so üben diese vor allem jüngere Frauen mit höheren Bildungsabschlüssen aus, was auf die Eignung der Dienstleistungen als Nebenjob zur Sicherung des Lebensunterhalts schließen lässt.

Dem gegenüber stehen die Haushalte, die familienunterstützende Dienstleistungen in Anspruch nehmen. Überraschenderweise werden diese Dienste eher selten von Familien genutzt. Die Mehrzahl der Nutzer sind alleinstehende Senioren, häufig mit einem Pflegebedarf. Eine weitere große Nutzergruppe sind Doppelverdienerhaushalte ohne Kinder. Die nachfragenden Haushalte haben überdurchschnittlich hohe Einkommen zur Verfügung und besitzen höhere Bildungsqualifikationen als der Durchschnitt aller Haushalte. Die Haushalte spiegeln den Sachverhalt wider, dass zur Beschäftigung von Hilfen im Haushalt ausreichend finanzielle Ressourcen zur Verfügung stehen müssen, um diese zu bezahlen. Bei den Seniorenhaushalten überwiegt hingegen das Bedarfsmotiv: Die Hilfe sichert oftmals das eigenständige Wohnen zu Hause. Junge Familien können sich die Hilfe in der Regel nicht leisten, insbesondere wenn ein Elternteil nach der Geburt des Kindes nicht wieder in Vollzeit an den Arbeitsplatz zurückkehrt.

Schätzt man das Marktpotenzial für familienunterstützende Dienstleistungen anhand eines Vergleichs mit der Inanspruchnahme im Ausland, so könnten in Deutschland etwa 300.000 Beschäftigte zusätzlich in diesem Bereich arbeiten, wenn sich Deutschland dem Durchschnitt der EU-15-Staaten angleichen würde. Ein Aufschließen an die EU-Spitzengruppe ergäbe etwa 730.000 zusätzliche Arbeitsplätze. Dabei lassen sich allerdings keine Aussagen über den Arbeitsumfang der Beschäftigten machen. Eine Hochrechnung anhand von nicht realisierten Nachfragewünschen laut Umfragen ergibt in Abhängigkeit vom angesetzten Stundenlohn ein Potenzial von 417.000 bis 594.000 Vollzeitäquivalenten. Gelänge es zudem, 30 bis 60 Prozent des Schwarzmarktes zu legalisieren, so könnten zwischen 177.000 und 355.000 Vollzeitarbeitsplätze entstehen. Die Klassifizierung der familienunterstützenden Dienstleistungen hat dabei gezeigt, dass diese Arbeitsplätze überwiegend niedrige Anforderungen an die fachliche Qualifikation der Anbieter, aber höhere Ansprüche an die soziale Kompetenz stellen. Die Unterstützung eines Teils der Anbieter über Qualifizierungen und kollegiale Strukturen, wie sie in Dienstleistungsagenturen anzutreffen sind, wäre wünschenswert, um mittelfristig den Markt für familienunterstützende Dienstleistungen weiter auszubauen und zu entwickeln.

An erster Stelle der vorgeschlagenen Reformmaßnahmen steht eine Verringerung des Steuer- und Abgabenkeils mittels einer kritischen Überprüfung des staatlichen Aufgabenkatalogs. In der Folge könnten sich deutlich mehr Personen als heute die Inanspruchnahme von Hilfen im Haushalt leisten. Somit würden grundlegende Voraussetzungen geschaffen, um ein breites Angebot unterschiedlicher Dienstleistungen zu etablieren. Dienstleistungsagenturen, die eine sinnvolle Bündelung der stundenweisen Nachfrage zu Vollzeitarbeitsplätzen vornehmen, könnten mit einer solchen Reform auf eine größere Nachfrage hoffen und bei einer Abnahme des Angebots an Schwarzarbeit auf ein größeres Reservoir an Arbeitskräften zurückgreifen. Die Reform wäre Voraussetzung, um mittelfristig höhere Preise am Markt durchzusetzen, die zur Finanzierung der Overheadkosten benötigt werden.

Um den Schwarzmarkt erfolgreich zurückzudrängen, ist neben der Verringerung des Abgabenkeils auch eine Reform der kostenlosen Mitversicherung von Ehepartnern in der Krankenversicherung zugunsten einer Gesundheitsprämie besonders wichtig. Damit hätten viele der heute illegal arbeitenden Anbieter einen hohen Anreiz, ihre Dienste legal anzubieten. Transparente Marktstrukturen könnten über die Etablierung virtueller Marktplätze, die legale Anbieter und Nachfrager zusammenführen, geschaffen werden und so zu einer positiven Marktentwicklung beitragen. Flankierend sollte die Selbstständigkeit als Erwerbsform gefördert werden, insbesondere über die Vermittlung des notwendigen unternehmerischen Wissens, das potenziellen Anbietern aufgrund geringer Bildungsqualifikationen oftmals fehlt. Die Bekämpfung des Schwarzmarktes durch mehr Kontrollen stößt angesichts der Privatsphäre der Haushalte und der oft nur stundenweisen Nachfrage demgegenüber an Grenzen und hat sich in der Vergangenheit als teuer und ineffizient erwiesen.

Die bestehende steuerliche Förderung sollte mittelfristig auf ein Gutscheinsystem umgestellt werden, das eine zielgenauere und kostengünstigere Förderung als eine allgemeine steuerliche Absetzbarkeit verspricht. Eine Stärkung der Nachfrage durch weitere steuerliche Vergünstigungen oder die Ausweitung der Minijobregeln kann aus ökonomischer Sicht hingegen nicht begründet werden und verspricht wenig Aussicht auf Erfolg. Es sind hohe Mitnahmeeffekte zu erwarten. Beispiele aus dem Ausland belegen, dass für eine spürbare Erhöhung der Inanspruchnahme von familienunterstützenden Dienstleistungen auf Dauer angelegte Subventionen in beträchtlicher Höhe erforderlich sind. Die Förderung von familienunterstützenden Dienstleistungen durch den Staat ist aber nicht einfach zu begründen, da hier keine externen Effekte oder Marktversagen vorliegen. Es ist somit sinnvoller, die Anreizverzerrungen zu beseitigen, die zu dem hohen Anteil von Schwarzarbeit im Markt geführt haben, als über weitere Subventionen und Umverteilungen die Nachfrageseite zu fördern.

Literatur

Allensbach, 2007, Moral 2007: Sozialbetrug bei fast allen verpönt, Schwarzarbeit nur bei wenigen, Allensbach

Allensbach, 2008, Inanspruchnahme haushaltsnaher Dienstleistungen: Ergebnisse einer repräsentativen Allensbach-Umfrage, Nr. 01/2008, Berlin

Anger, Christina / **Seyda**, Susanne, 2008, Bildung und Familie, in: Institut der deutschen Wirtschaft Köln (Hrsg.), Die Zukunft der Arbeit in Deutschland: Megatrends, Reformbedarf und Handlungsoptionen, S. 271–291

Arkenstette, Birgit, 2005, David gegen Goliath oder der Versuch, unter der Schwarzarbeit zu bestehen, in: Deutsches Institut für Wirtschaftsforschung Berlin (Hrsg.), Event Dokumentation 3: Familienunterstützende Dienstleistungen – Wachstum, Beschäftigung, Innovation, Berlin, S. 83–88

Becker, Carsten, 2007, Potentiale und Entwicklungsperspektiven haushaltsnaher Dienstleistungen – Ergebnisse einer bundesweiten Befragung, in: Dilger, Alexander / Gerlach, Irene / Schneider, Helmut (Hrsg.), Betriebliche Familienpolitik: Potentiale und Instrumente aus multidisziplinärer Sicht, Berlin, S. 206–224

Becker, Gary S., 1982, Eine Theorie der Allokation der Zeit, in: Becker, Gary S., Der ökonomische Ansatz zur Erklärung menschlichen Verhaltens, Tübingen, S. 97–130

Bertram, Hans / **Ehlert**, Nancy / **Rösler**, Wiebke, 2005, Nachhaltige Familienpolitik: Zukunftssicherung durch einen Dreiklang von Zeitpolitik, finanzieller Transferpolitik und Infrastrukturpolitik, Berlin

Bittman, Michael / **Rice**, James Mahmud, 2000, The rush hour: the character of leisure time and gender equity, in: Social Forces, Vol. 79, No. 1, S. 165–189

Bittner, Susanne / **Weinkopf**, Claudia, 2001, Professionalisierung von haushaltsbezogenen Dienstleistungen: Erfahrungen und Perspektiven, Gelsenkirchen

BMFSFJ – Bundesministerium für Frauen, Senioren, Familie und Jugend, 2008, Homepage: URL: http://www.bmfsfj.de/bmfsfj/generator/Politikbereiche/familie,did=76882. html [Stand 2008-05-08]

Brück, Tilman / **Haisken-De New**, John / **Zimmermann**, Klaus, 2002, Förderung von Agenturen für haushaltsnahe Dienstleistungen schafft Arbeitsplätze für Geringqualifizierte, in: DIW-Wochenbericht, 69. Jg., Nr. 23, S. 363–369

Bürgisser, Margret, 1998, Wie Du mir, so ich Dir... Bedingungen und Grenzen egalitärer Rollenteilung in der Familie, Chur/Zürich

Bundesrechnungshof, 2008, Bericht nach § 99 BHO über die Organisation und Arbeitsweise der Finanzkontrolle Schwarzarbeit (FKS), 11. Januar, Bonn

Bundesregierung, 2006, Familie zwischen Flexibilität und Verlässlichkeit: Perspektiven für eine lebenslaufbezogene Familienpolitik, Siebter Familienbericht, Berlin

Bundestag, 2005, Lebenslagen in Deutschland – Zweiter Armuts- und Reichtumsbericht, Berlin

Busch, Anne / **Holst**, Elke, 2008, Verdienstdifferenzen zwischen Frauen und Männern nur teilweise durch Strukturmerkmale zu erklären, in: DIW-Wochenbericht, 75. Jg., Nr. 15, S. 184–196

Davis, Steven J. / **Henrekson**, Magnus, 2004, Tax Effects on Work Activity, Industry Mix and Shadow Economy Size: Evidence from Rich-Country Comparisons. NBER Working Papers, No. 10509, Cambridge (Mass.)

Eichhorst, Werner / **Tobsch**, Verena, 2007, Familienunterstützende Dienstleistungen – Internationale Benchmarking-Studie, Gutachten im Auftrag des BMFSFJ, Berlin

Enste, Dominik H., 2007, Deviantes Verhalten und institutioneller Wandel am Beispiel der Schwarzarbeit in Deutschland, in: Zeitschrift für Wirtschaftspsychologie, 9. Jg., Nr. 4, S. 99–115

Enste, Dominik H. / **Flüter-Hoffmann**, Christiane, 2008, Gutscheine als Instrument einer effizienten und effektiven Sozialpolitik sowie betrieblichen Personalpolitik – Bestandsaufnahme und Analyse von betrieblichem Nutzen und volkswirtschaftlichen Effekten verschiedener Gutscheinsysteme, Projektbericht des Instituts der deutschen Wirtschaft Köln, Köln

Enste, Dominik H. / **Schneider**, Friedrich, 2007, Schattenwirtschaft und Schwarzarbeit – von Mythen, Missverständnissen und Meinungsmonopolen, in: List-Forum, 33. Jg., Nr. 3, S. 251–286

Enste, Dominik H. / **Stettes**, Oliver, 2005, Bildungs- und Sozialpolitik mit Gutscheinen: Zur Ökonomik von Vouchers, IW-Analysen, Nr. 14, Köln

Eurostat, 2005, European Labor Force Statistics, Brüssel

Feld, Lars P. / **Larsen**, Claus, 2005, Black Activities in Germany in 2001 and 2004 – A Comparison Based on Survey Data, The Rockwool Foundation (Hrsg.), Kopenhagen

Festinger, Leon, 1954, A Theory of social comparison processes, in: Human Relations, S. 117–140

Fuchs, Johann / **Söhnlein**, Doris, 2003, Lassen sich die Erwerbsquoten des Mikrozensus korrigieren?, IAB-Werkstattbericht, Nr. 12, Nürnberg

Geissler, Birgit, 2002, Die Dienstleistungslücke im Haushalt: Der neue Bedarf nach Dienstleistungen und die Handlungslogik der privaten Arbeit in: Gather, Claudia / Geissler, Birgit / Rerrich, Maria S. (Hrsg.), Weltmarkt Privathaushalt, Münster

GIB – Gesellschaft für Innovationsforschung und Beratung, 2007, Haushaltsnahe Minijobs: Quantitative und qualitative Entwicklung von Minijobs in Haushalten und Perspektiven der Minijobzentrale für die Vermittlung von Dienstleistungskräften, Berlin

Görner, Regina, 2006, Agenturen für haushaltsnahe Dienstleistungen – ein Modellversuch im Saarland, Berlin/Sankt Augustin

Heckhausen, Jutta / **Heckhausen**, Heinz, 2006, Motivation und Handeln, Berlin

Herlyn, Ingrid / **Krüger**, Dorothea, 2003, Späte Mütter: Eine empirisch-biographische Untersuchung in West- und Ostdeutschland, Opladen

Hülskamp, Nicola, 2006, Ursachen niedriger Fertilität in hoch entwickelten Staaten: Soziologische, ökonomische und politische Einflussfaktoren, Köln

Hülskamp, Nicola / **Seyda**, Susanne, 2004, Staatliche Familienpolitik in der sozialen Marktwirtschaft: Ökonomische Analyse und Bewertung familienpolitischer Maßnahmen, IW-Analysen, Nr. 11, Köln

Hülskamp, Nicola / **Plünnecke**, Axel / **Seyda**, Susanne, 2008, Demografischer Wandel: Verknappung des Arbeitsangebots?, in: Institut der deutschen Wirtschaft Köln (Hrsg.), Die Zukunft der Arbeit in Deutschland: Megatrends, Reformbedarf und Handlungsoptionen, S. 125–144

IAB et al., 2006, Evaluation der Maßnahmen zur Umsetzung der Vorschläge der Hartz-Kommission, Modul 1e: Existenzgründungen, BMAS-Projekt 20/04, Nürnberg u. a. O.

ILO – International Labour Office, 1990, ISCO 88: International Standard Classification of Occupations, Genf

Insée, 2008, l'enquête emploi en continu 2005, Internetdatenbank, URL: http://www.insee.fr [Stand: 2008-05-01]

IW Köln – Institut der deutschen Wirtschaft Köln (Hrsg.), 2005, Vision Deutschland: Der Wohlstand hat Zukunft, Köln

Jiménez Laux, Rosa Maria, 2004, Frauen in transnationalen Räumen: Der Blick auf informelle Migrantinnen-Netzwerke, in: Netzwerke, Formen, Wissen: Vernetzungs- und Abgrenzungsdynamiken der Frauen- und Geschlechterforschung, Tagungsband des Zentrums für interdisziplinäre Frauen- und Geschlechterforschung, Göttingen, S. 161–173

Johnson, Simon / **Kaufmann**, Daniel / **Zoido-Lobatón**, Pablo, 1998, Regulatory Discretion and the Unofficial Economy, in: American Economic Review, Vol. 88, No. 2, S. 387–392

Kaltenborn, Bruno / **Knerr**, Petra / **Kurth-Laatsch**, Sylvia, 2005, Familienunterstützende Dienstleistungen, Gutachten im Auftrag des BMFSFJ, Berlin

Knappe, Eckhard / **Arnold**, Robert, 2002, Pauschalprämie in der Krankenversicherung: Ein Weg zu mehr Effizienz und Gerechtigkeit, München

Knappschaft-Bahn-See (Hrsg.), 2007, Aufstockung der Rentenversicherungsbeiträge, Essen

Künzler, Jan, 1994, Familiale Arbeitsteilung: Die Beteiligung von Männern an der Hausarbeit, Reihe Theorie und Praxis der Frauenforschung, Band 24, Bielefeld

Lutz, Helma, 2007, Sprich (nicht) drüber – Fürsorgearbeit von Migrantinnen in deutschen Privathaushalten, in: WSI Mitteilungen, 60. Jg., Nr. 10, S. 554–560

Minijob-Zentrale, 2008, Homepage, URL: www.minijob-zentrale.de [Stand: 2008-05-01]

Mischau, Anina / **Blättel-Mink**, Birgit / **Kramer**, Caroline, 1998, Innerfamiliale Arbeitsteilung – Frauen zwischen Wunsch und Wirklichkeit, in: Soziale Welt, Zeitschrift für sozialwissenschaftliche Forschung und Praxis, Nr. 49, S. 333–354

OECD – Organisation for Economic Co-operation and Development, 1999, Classifying Educational Programmes: Manual for ISCED-97 Implementation in OECD Countries, Paris

OECD, 2007a, Labor Force Statistics 1986–2006, Paris

OECD, 2007b, Taxing Wages 2006–2007, Paris

OECD, 2008, Wirtschaftsausblick, Nr. 83, Paris

Pimpertz, Jochen, 2003, Solidarische Finanzierung der gesetzlichen Krankenversicherung: Vom lohnbezogenen Beitrag zur risikounabhängigen Versicherungsprämie, Köln

Reinberg, Alexander / **Hummel**, Markus, 2007, Schwierige Fortschreibung: Der Trend bleibt – Geringqualifizierte sind häufiger arbeitslos, IAB-Kurzbericht, Nr. 18, Nürnberg

Robert Bosch Stiftung, 2006, Unternehmen Familie, Stuttgart

Schäfer, Holger, 2008, Zuwanderung und Integration, in: Institut der deutschen Wirtschaft Köln (Hrsg.), Die Zukunft der Arbeit in Deutschland: Megatrends, Reformbedarf und Handlungsoptionen, Köln, S. 225–248

Schneider, Hilmar / **Zimmermann**, Klaus F. / **Bonin**, Holger / **Brenke**, Karl / **Haisken-De New**, John / **Kempe**, Wolfram, 2002, Beschäftigungspotentiale einer dualen Förderstrategie im Niedriglohnbereich, Bonn

Schreier, Claudia / **Stallmann**, Ludger, 2007, Kommunale Praxis im Bereich familienunterstützender Dienstleistungen: Erfahrungen – Instrumente – Effekte, Frankfurt am Main

Schroedter, Julia H. / **Lechert**, Yvonne / **Lüttinger**, Paul, 2006, Die Umsetzung der Bildungsskala ISCED-1997 für die Volkszählung 1970, die Mikrozensus-Zusatzerhebung 1971 und die Mikrozensen 1976–2004 (Version 1), ZUMA-Methodenbericht 2006/08, Mannheim

Schupp, Jürgen / **Spieß**, Katharina C. / **Wagner**, Gert G., 2007, Familienbezogene Dienstleistungen stärker an den Familien ausrichten, in: Dilger, Alexander / Gerlach, Irene / Schneider, Helmut (Hrsg.), Betriebliche Familienpolitik: Potentiale und Instrumente aus multidisziplinärer Sicht, Berlin, S. 187–205

Seyda, Susanne, 2003, Frauenerwerbstätigkeit und Geburtenverhalten, in: IW-Trends, 30. Jg., Nr. 2, S. 26–36

Statistisches Bundesamt, 2003, Klassifikation der Wirtschaftszweige mit Erläuterungen: Ausgabe 2003, Wiesbaden

Statistisches Bundesamt, 2004a, Bevölkerung und Erwerbstätigkeit: Beruf, Ausbildung und Arbeitsbedingungen der Erwerbstätigen, Fachserie 1, Reihe 4.1.2, Wiesbaden

Statistisches Bundesamt, 2004b, Alltag in Deutschland: Analysen zur Zeitverwendung, Forum der Bundesstatistik, Band 43, Wiesbaden

Tipke, Klaus / **Lang**, Joachim, 1991, Steuerrecht, 13. Auflage, Köln

TNS-Emnid, 2007, Umfrage zur Schwarzarbeit in Deutschland im Auftrag des Instituts der deutschen Wirtschaft Köln, Januar 2007

UN – United Nations Population Division, 2008, World population prospects: The 2006 Revision, URL: http://esa.un.org/unpp/ [Stand: 2008-05-01]

Wagner, Gerd G. / **Frick**, Joachim R. / **Schupp**, Jürgen, 2007, The German Socio-Economic Panel Study (SOEP) – Scope, Evolution and Enhancements, in: Schmollers Jahrbuch, 127. Jg., Nr. 1, S. 139–169

Weinkopf, Claudia, 2003, Förderung haushaltsbezogener Dienstleistungen – Sinnvoll, aber kurzfristige Beschäftigungswirkungen nicht überschätzen, in: Vierteljahreshefte zur Wirtschaftsforschung, 72. Jg., Nr. 1, S. 133–147

Weinkopf, Claudia / **Hieming**, Bettina, 2007, Instrumente der Arbeitsmarktpolitik und haushaltsnahe Dienstleistungen, Expertise im Auftrag des BMFSFJ, Gelsenkirchen

Kurzdarstellung

Familienunterstützende Dienstleistungen können dazu beitragen, die Vereinbarkeit von Beruf, Familie und Hausarbeit zu verbessern. Die vorliegende Analyse zeichnet ein genaues Profil des deutschen Marktes und deckt die Anreizstrukturen auf, die zum großen Umfang an Schwarzarbeit bei gleichzeitig geringer Inanspruchnahme von legalen familienunterstützenden Dienstleistungen führen. Darauf aufbauend werden im europäischen Vergleich Beschäftigungs- und Einkommenspotenziale einer Erweiterung des legalen Marktes für familienunterstützende Dienstleistungen geschätzt. Um diese Potenziale zu heben, werden Reformmaßnahmen skizziert, die insbesondere auf eine Verringerung des Steuer- und Abgabenkeils für diese arbeitsintensiven Tätigkeiten zielen. Außerdem sind Maßnahmen zur Erhöhung der Markttransparenz und zur Förderung von Dienstleistungsagenturen und Selbstständigen erfolgversprechend. Die Nachfrageseite kann mithilfe eines Gutscheinsystems gestärkt werden, sodass die Entwicklung des Marktes für legale, qualitativ hochwertige Dienstleistungen gefördert wird. Eine weitere Ausweitung der steuerlichen Förderung und der Beschäftigung von Minijobbern ist ordnungspolitisch hingegen fragwürdig.

Abstract

Services provided in private households can contribute towards making family life and household chores more compatible with a career. The present analysis draws an exact profile of the German market for such services and reveals the incentive structures which have led to an enormous volume of undeclared work while the demand for these services in the formal economy remains low. Comparing this situation with that in other countries, the authors estimate the potential gain in employment and income to be expected from an expansion of the market. They then outline reforms which would enable this potential to be exploited, the main objective being a reduction in the tax and contribution wedge for such labour-intensive occupations. Measures to increase market transparency and encourage service agencies and the self-employed are also considered likely to succeed. The demand side could be strengthened by means of a voucher system, which would serve to increase the demand for high quality services in the formal economy. By contrast, the study concludes that, due to the risk of systemic distortion, creating further tax breaks to encourage the hiring of 'minijob' holders earning up to € 400 a month would be of dubious benefit.

Die Autoren

Dr. rer. pol. **Dominik H. Enste**, geboren 1967 in Arnsberg; Ausbildung zum Bankkaufmann; Studium der Wirtschafts- und Sozialwissenschaften in Köln, Dublin und Fairfax (Virginia); wissenschaftlicher Mitarbeiter am Wirtschaftspolitischen Seminar der Universität zu Köln; Vorstandsassistent im Gerling Konzern (2001–2003); seit 2003 Referent und Projektleiter im Institut der deutschen Wirtschaft Köln, Forschungsfeld „Rechts- und Institutionenökonomik/ Wirtschaftsethik" und „Zukunft der Arbeit"; seit 2007 Lehrbeauftragter für Makroökonomik an der Universität zu Köln und seit 2008 Lehrbeauftragter für Unternehmensethik an der Fachhochschule Köln.

Dr. rer. pol. **Nicola Hülskamp**, geboren 1974 in Celle; Studium der Volkswirtschaftslehre und der Rhetorik in Tübingen und Granada sowie Promotion in Köln; Redakteurin der Frankfurter Allgemeinen Zeitung; seit 2002 im Institut der deutschen Wirtschaft Köln, Referentin für Bevölkerungsökonomik im Projekt „Zukunft der Arbeit" innerhalb des Wissenschaftsbereichs Bildungspolitik und Arbeitsmarktpolitik.

Dipl.-Ökonom **Holger Schäfer**, geboren 1969 in Bremen; Studium der Wirtschaftswissenschaften an der Universität Bremen; wissenschaftlicher Mitarbeiter an der Hochschule Harz; seit 2000 im Institut der deutschen Wirtschaft Köln, Referent für Arbeitsmarktökonomie innerhalb des Wissenschaftsbereichs Bildungspolitik und Arbeitsmarktpolitik.